中国陈年名酒 9

阅 是 编

浙江人民美术出版社

图书在版编目（CIP）数据

中国陈年名酒9 / 阅是编. -- 杭州：浙江人民
美术出版社，2018.4（2018.6重印）
ISBN 978-7-5340-6576-7

Ⅰ．①中… Ⅱ．①阅… Ⅲ．①白酒－中国－图集
Ⅳ．①TS262.3-64

中国版本图书馆CIP数据核字(2018)第049269号

中国陈年名酒 9

阅　是　编

责任编辑　杨　晶
文字编辑　张金辉　罗仕通　傅笛扬
装帧设计　陆丰川
责任印制　陈柏荣

出版发行　**浙江人民美术出版社**
　　　　　（杭州市体育场路 347 号）
网　　址　http://mss.zjcb.com
经　　销　全国各地新华书店
制　　版　浙江影天印业有限公司
印　　刷　浙江影天印业有限公司
版　　次　2018 年 4 月第 1 版·第 1 次印刷
　　　　　2018 年 6 月第 1 版·第 2 次印刷
开　　本　889mm×1194mm 1/16
印　　张　10.75
书　　号　ISBN 978-7-5340-6576-7
定　　价　300.00 元

前　言

　　"美成在久"，语出《庄子·人间世》。但凡美好之物，都需经日月流光打磨，才能日臻至善。一蹴而就者，哪能经得起岁月的考验？真正的美善，一定是"用时间来打磨时间的产物"——卓越的艺术品即如此，有社会责任感的艺术拍卖亦如此。

　　西泠印社的文脉已延绵百年，西泠拍卖自成立至今，始终以学术指导拍卖，从艺术的广度与深度出发，守护传统，传承文明，创新门类。每一年，我们秉持着"诚信、创新、坚持"的宗旨，征集海内外的艺术精品，通过各地的免费鉴定与巡展、预展拍卖、公益讲堂等形式，倡导"艺术融入生活"的理念，使更多人参与到艺术收藏拍卖中来。

　　回望艺术发展的长河，如果没有那些大藏家、艺术商的梳理和递藏，现在我们就很难去研究当时的艺术脉络，很难去探寻当时的社会文化风貌。今时今日，我们所做的艺术拍卖，不仅着眼于艺术市场与艺术研究的联动，更多是对文化与艺术的传播和普及。

　　进入大众的视野，提升其文化修养与生活品味，艺术所承载的传统与文明才能真正达到"美成在久"——我们出版整套西泠印社拍卖会图录的想法正源于此。上千件跃然纸上的艺术品，涵括了中国书画、名人手迹、古籍善本、篆刻印石、历代名砚、文房古玩、庭院石雕、紫砂艺术、中国历代钱币、油画雕塑、漫画插图、陈年名酒、当代玉雕等各个艺术门类，蕴含了民族的优秀传统与文化，雅致且具有灵魂，有时间细细品味，与它们对话，会给人以超越时空的智慧。

　　现在，就让我们随着墨香沁人的书页，开启一场博物艺文之旅。

目 录
CATALOGUE

1986年五星牌贵州茅台酒（酱瓶/白瓶）	4625	2002－2003年贵州茅台酒十五年陈酿	4666
1985－1986年五星牌贵州茅台酒（特供黑酱）	4626	2005年贵州茅台酒三十年陈酿	4667
1983－1986年五星牌贵州茅台酒（全棉纸地方国营）	4627	2002－2006年贵州茅台酒三十年陈酿	4668
1983－1986年五星牌贵州茅台酒（地方国营）	4628	1999－2001年贵州茅台酒三十年陈酿	4669
1983－1986年五星牌贵州茅台酒（全棉纸地方国营）	4629	2006年贵州茅台酒五十年陈酿	4670
1986年五星牌贵州茅台酒（地方国营）	4630	2003－2006年贵州茅台酒五十年陈酿	4671
1985年五星牌贵州茅台酒（地方国营）	4631	2001年贵州茅台酒五十年陈酿（原箱）	4672
1984年五星牌贵州茅台酒（地方国营）	4632	1999年磨砂瓶建国五十年周年小庆典	4673
1983年五星牌贵州茅台酒（地方国营）	4633	1978年葵花牌贵州茅台酒（三大葵花）	4674
1983－1986年五星牌贵州茅台酒（地方国营）	4634	1978年葵花牌贵州茅台酒（三大葵花）	4675
1980－1982年五星牌贵州茅台酒(三大革命)	4635	1978－1979年五星牌贵州茅台酒（三大革命）	4676
1981－1982年五星牌贵州茅台酒（三大革命）	4636	1983年五星牌贵州茅台酒（黄酱）	4677
1990－1994年飞天牌贵州茅台酒（铁盖）	4637	1972年五星牌贵州茅台酒（三大革命）	4678
1990－1992年飞天牌贵州茅台酒（铁盖）	4638	60年代末期飞天牌贵州茅台酒	4679
1990－1994年飞天牌贵州茅台酒（铁盖）	4639	1958、1988年勾兑装瓶茅台酒	
1992－1994年飞天牌贵州茅台酒（铁盖）	4640	1959、1989年勾兑装瓶茅台酒 （一套三瓶）	4680
1992－1994年飞天牌贵州茅台酒（铁盖）	4641	1960、1990年勾兑装瓶茅台酒	
1992－1994年飞天牌贵州茅台酒（铁盖）	4642	1993－1995年长城五粮液	4681
1990－1994年飞天牌贵州茅台酒	4643	1993年长城五粮液	4682
1991－1994年飞天牌贵州茅台酒	4644	1987－1990年圆鼓瓶五粮液	4683
1981－1985年飞天牌贵州茅台酒	4645	1983－1986年交杯牌五粮液	4684
1980－1986年五星牌、飞天牌贵州茅台酒	4646	1996－1997年长城五粮液	4685
1986－1989年飞天牌贵州茅台酒（铁盖）	4647	1995－1996年长城五粮液	4686
1985年飞天牌贵州茅台酒	4648	1993－1995年长城五粮液	4687
1983－1985年飞天牌贵州茅台酒（大飞天）	4649	1993年长城五粮液	4688
1983－1984年飞天牌贵州茅台酒（大飞天）	4650	1991－1992年圆鼓瓶五粮液	4689
1999－2000年飞天牌贵州茅台酒（珍品）	4651	1987－1990年圆鼓瓶五粮液	4690
1997－1999年飞天牌贵州茅台酒（珍品）	4652	1992－1994年汾酒（两原箱）	4691
1991－1996年飞天牌贵州茅台酒（铁盖珍品）	4653	1988年汾酒（两原箱）	4692
1990－1994年飞天牌贵州茅台酒（铁盖珍品）	4654	1987年汾酒（两原箱）	4693
1990－1994年飞天牌贵州茅台酒（铁盖珍品）	4655	1992－1993年董酒（两原箱）	4694
1990－1994年飞天牌贵州茅台酒（铁盖珍品）	4656	1993年习水大曲（两原箱）	4695
1989－1990年飞天牌贵州茅台酒（珍品）	4657	1996－1997年郎酒（两原箱）	4696
1989－1990年飞天牌贵州茅台酒（珍品曲印）	4658	1995年习酒（原箱）	4697
1988年飞天牌贵州茅台酒（珍品方印）	4659	1992年黔春酒	4698
1987年飞天牌贵州茅台酒（珍品1704）	4660	1989年尖庄（原箱）	4699
80年代后期飞天牌贵州茅台酒（珍品方印）	4661	1998年剑南春（原箱）	4700
80年代后期飞天牌贵州茅台酒（珍品1704）	4662	1992年古井贡酒（原箱）	4701
1997－2000年飞天牌贵州茅台酒（珍品）	4663	1987－1988年泸州老窖特曲	4702
1991－1993年飞天牌贵州茅台酒（珍品）	4664	1987－1990年泸州老窖头曲	4703
1991－1993年飞天牌贵州茅台酒（珍品）	4665	1989－1990年董酒	4704

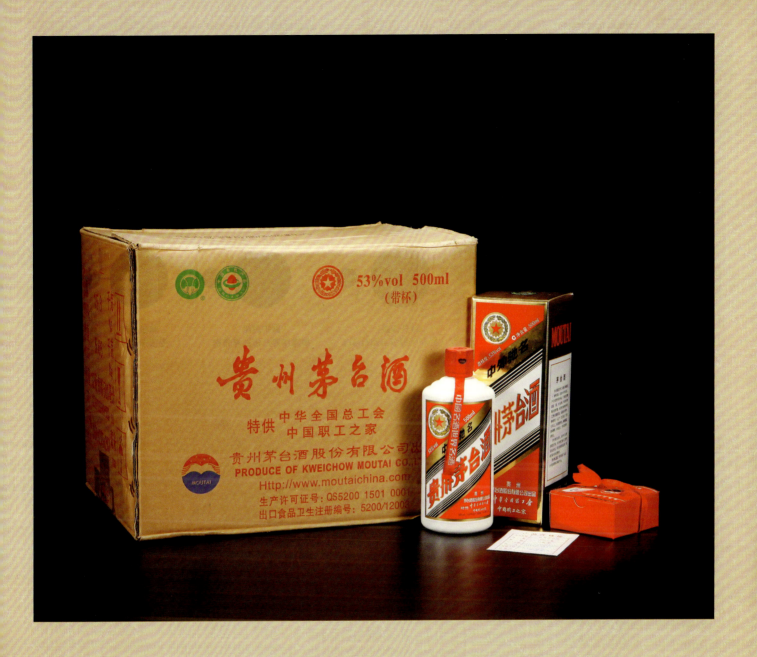

4555 2012 年中华全国总工会职工之家特供（原箱）

数量：12 瓶
度数：53%vol
容量：500ml
重量：约 980 克
生产日期：2012 年 8 月 29 日
产地：贵州省仁怀市茅台镇
说明：此款酒为中华全国总工会中国职工之家特供茅台酒，中华全国总工会是中国共产党领导的中国工人阶级的
　　　群众组织。是中华人民共和国境内唯一官方全国性工会联合会。

KWEICHOW MOUTAI FOR ALL-CHINA FEDERATION OF TRADE UNIONS MADE IN 2012
(ORIGINAL CARTON)

12 bottles
RMB: 30,000—40,000

产 品 合 格 证		
食品名称	贵州茅台酒	
规　格	500ml/瓶	
数　量	12瓶/箱	
生产日期	2012年08月29日	
批　次	2012-017	
装箱工号	F51	合格 6号
检验员		

4556　2012 年八一慰问军队专用贵州茅台酒（原箱）

数量：6 瓶
度数：53%vol
容量：500ml
重量：约 980 克
生产日期：2012 年 6 月 8 日
产地：贵州省仁怀市茅台镇
说明：八一慰问部队专用茅台酒，国酒茅台壮军威，酒质极佳。国酒茅台、香溢军史，53 度茅台八一慰问军队
　　专用酒是茅台股份公司为"八一"慰问人民子弟兵特制的一款专用酒，因其生产量较小，在收藏市场也是
　　不多见的一款高品质的白酒，受到了很多爱好茅台酒收藏玩家的喜爱。

KWEICHOW MOUTAI FOR ARMY IN CELEBRATION OF THE ARMY DAY MADE IN 2012
(ORIGINAL CARTON)

6 bottles
RMB: 40,000—50,000

产品合格证		
食品名称	贵州茅台酒	
规　格	500ml/瓶	
数　量	6 瓶/箱	
生产日期	2012年06月08日	
批　次	2011-060	
装箱工号	F65	合格 6号
检验员		

4557　2012年中共中央党校专用贵州茅台酒（原箱）

数量：12瓶
度数：53%vol
容量：500ml
重量：约980克
生产日期：2012年6月18日
产地：贵州省仁怀市茅台镇
说明：此款酒为中共中央党校专用酒，是茅台股份公司为中央党校所特制，其酒瓶采用酱色制作工艺，酒瓶底部书写中共中央党校专用字样。因其生产量较小，在收藏市场也是不多见的一款高品质的白酒。

KWEICHOW MOUTAI FOR THE PARTY SCHOOL OF THE CENTRAL COMMITTEE OF CPC MADE IN 2012 (ORIGINAL CARTON)

12 bottles
RMB: 100,000—120,000

4558　2013 年国宴专供茅台（原箱）

数量：12 瓶
度数：53%vol
容量：500ml
重量：约 980 克
生产日期：2013 年 1 月 25 日
产地：贵州省仁怀市茅台镇
说明：国宴茅台酒即飞仙茅台国宴专用酒，瓶身印有"国宴专用"印章，是国家招待国宾、贵宾或在重要节日为招待各界人士设宴时的专用酒。采用酱瓶包装，尊贵不凡。

KWEICHOW MOUTAI FOR STATE BANQUET MADE IN 2013 (ORIGINAL CARTON)
12 bottles
RMB: 70,000—80,000

产品合格证	
食品名称	贵州茅台酒
规　格	500ml/瓶
数　量	12 瓶/箱
生产日期	2013年01月25日
批　次	2012-064
装箱工号	J27 　合格10号
检验员	

4559   2001 年五星牌贵州茅台酒（两原箱）

数量：24 瓶
度数：53%vol
重量：约 953 克
生产日期：2001 年 8 月 23 日；2001 年 9 月 19 日
产地：贵州省仁怀市茅台镇

说明：茅台酒属酱香型大曲酒，风格完美。其酒质晶亮透明，微有黄色；酒液酱香突出，令人陶醉。敞杯香气扑鼻，畅饮满口生香，空杯留香不散，具有口味幽雅细腻，酒体丰满醇厚，口味悠长醇馥，香气幽郁不绝的特点，由酱香、窖底香、醇甜三大特殊风味融合而成，现已知香气组成成分多达 300 余种。

'FIVE-STAR' KEWICHOW MOUTAI MADE IN 2001 (TWO ORIGINAL CARTONS)
24 bottles
RMB: 120,000—220,000

4560 2002 年贵州茅台酒（豪华装）

数量：6 瓶

度数：53%vol

容量：500ml

重量：1030 克；1008 克；1047 克；1008 克；1036 克；1032 克

生产日期：2002 年 9 月 20 日；2002 年 12 月 31 日；2002 年 9 月 20 日；2002 年 4 月 4 日；2002 年 9 月 20 日；
　　　　　2002 年 4 月 4 日

产地：贵州省仁怀市茅台镇

说明：茅台酒属酱香型大曲酒，风格完美。其酒质晶亮透明，微有黄色；酒液酱香突出，令人陶醉。敞杯香气扑
　　　鼻，畅饮满口生香，空杯留香不散，具有口味幽雅细腻，酒体丰满醇厚，口味悠长醇馥，香气幽郁不绝的
　　　特点，由酱香、窖底香、醇甜三大特殊风味融合而成，现已知香气组成成分多达 300 余种。

KEWICHOW MOUTAI MADE IN 2002 (DELUXE)

6 bottles

RMB: 40,000—50,000

4561　2002年一拖四飞天牌贵州茅台酒（两套）

数量：10 瓶
度数：53%vol
容量：500ml；50ml
重量：约 975 克；约 125 克
生产日期：2002 年 11 月 13 日；2002 年 12 月 4 日
产地：贵州省仁怀市茅台镇
说明：茅台酒属酱香型大曲酒，风格完美。其酒质晶亮透明，微有黄色；酒液酱香突出，令人陶醉。敞杯香气扑
　　　鼻，畅饮满口生香，空杯留香不散，具有口味幽雅细腻，酒体丰满醇厚，口味悠长醇馥，香气幽郁不绝的
　　　特点，由酱香、窖底香、醇甜三大特殊风味融合而成，现已知香气组成成分多达 300 余种。

'APSARAS' KWEICHOW MOUTAI MADE IN 2002

10 bottles
RMB: 16,000—22,000

4562　2002年礼盒装飞天牌贵州茅台酒（两套）

数量：8瓶

度数：53%vol

容量：500ml；375ml；200ml；50ml

重量：约975克；约740克；约350克；约125克

生产日期：2002年8月16日；2002年11月14日

产地：贵州省仁怀市茅台镇

说明：茅台酒属酱香型大曲酒，风格完美。其酒质晶亮透明，微有黄色；酒液酱香突出，令人陶醉。敞杯香气扑鼻，畅饮满口生香，空杯留香不散，具有口味幽雅细腻，酒体丰满醇厚，口味悠长醇馥，香气幽郁不绝的特点，由酱香、窖底香、醇甜三大特殊风味融合而成，现已知香气组成成分多达300余种。

'APSARAS' KWEICHOW MOUTAI MADE IN 2002 (GIFT PACKAGE)

8 bottles

RMB: 45,000—60,000

4563　2002 年礼盒装飞天牌贵州茅台酒（原箱）

数量：12 瓶（3 套）

度数：53%vol

容量：500ml；375ml；200ml；50ml

重量：约 975 克；约 740 克；约 350 克；约 125 克

生产日期：2002 年 12 月 31 日

产地：贵州省仁怀市茅台镇

说明：茅台酒属酱香型大曲酒，风格完美。其酒质晶亮透明，微有黄色；酒液酱香突出，令人陶醉。敞杯香气扑鼻，畅饮满口生香，空杯留香不散，具有口味幽雅细腻，酒体丰满醇厚，口味悠长醇馥，香气幽郁不绝的特点，由酱香、窖底香、醇甜三大特殊风味融合而成，现已知香气组成成分多达 300 余种。

'APSARAS' KWEICHOW MOUTAI MADE IN 2002 (GIFT PACKAGE)

12 bottles

RMB: 70,000—80,000

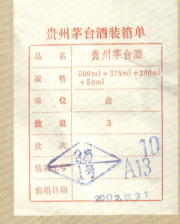

4564　2006 年飞天牌贵州茅台酒（原箱）

数量：12 瓶
度数：53％vol
容量：500ml
重量：约 953 克
生产日期：2006 年 7 月 18 日
产地：贵州省仁怀市茅台镇

说明：茅台酒属酱香型大曲酒，风格完美。其酒质晶亮透明，微有黄色；酒液酱香突出，令人陶醉。散杯香气扑鼻，畅饮满口生香，空杯留香不散，具有口味幽雅细腻，酒体丰满醇厚，口味悠长醇馥，香气幽郁不绝的特点，由酱香、窖底香、醇甜三大特殊风味融合而成，现已知香气组成成分多达 300 余种。

'APSARAS' KWEICHOW MOUTAI MADE IN 2006 (ORIGINAL CARTON)

12 bottles
RMB: 60,000—70,000

贵州茅台酒装箱单	
品名	贵州茅台酒
规格	500ml
单位	瓶
数量	12
批次	6
装箱工号	B6
装箱日期	2006年7月18日

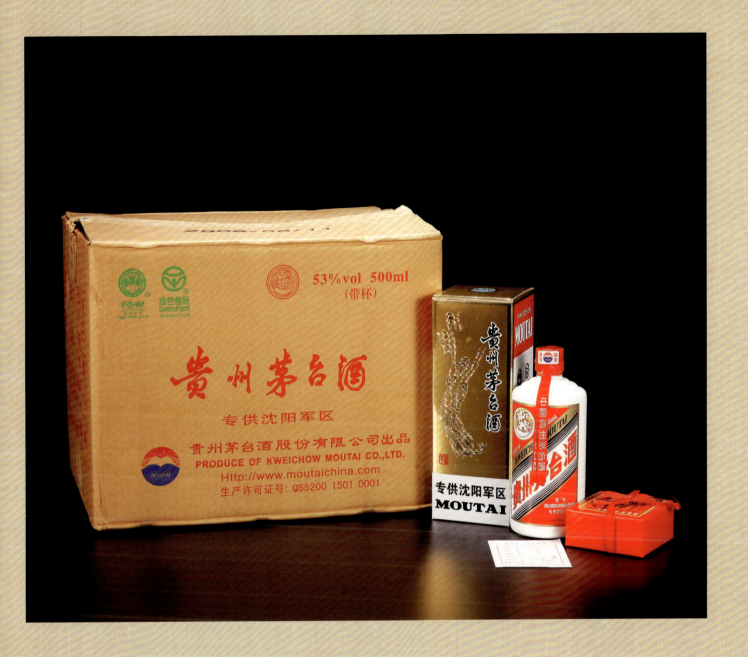

4565　2006 年沈阳军区特供茅台酒（原箱）

数量：12 瓶
度数：53%vol
容量：500ml
重量：约 976 克
生产日期：2006 年 8 月 11 日
产地：贵州省仁怀市茅台镇
说明：茅台酒属酱香型大曲酒，风格完美。其酒质晶亮透明，微有黄色；酒液酱香突出，令人陶醉。敞杯香气扑
　　　鼻，畅饮满口生香，空杯留香不散，具有口味幽雅细腻，酒体丰满醇厚，口味悠长醇馥，香气幽郁不绝的
　　　特点，由酱香、窖底香、醇甜三大特殊风味融合而成，现已知香气组成成分多达 300 余种。

**KWEICHOW MOUTAI FOR SHENYANG MILITARY AREA COMMAND MADE IN 2006
(ORIGINAL CARTON)**

12 bottles
RMB: 90,000—120,000

贵州茅台酒装箱单	
品名	贵州茅台酒
规格	500ml
单位	瓶
数量	12
批次	8
装箱工号	B22
装箱日期	2006年8月11日

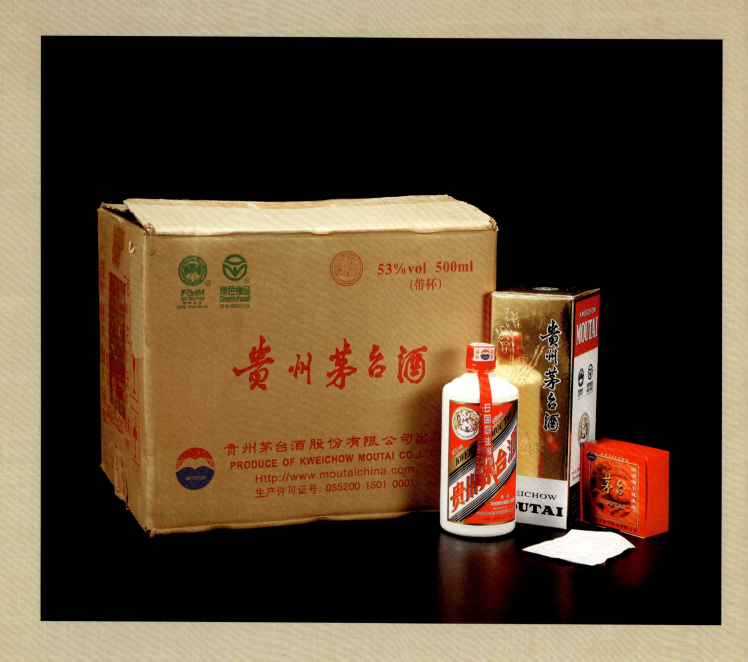

4566　2008 年飞天牌贵州茅台酒（原箱）

数量：12 瓶
度数：53%vol
容量：500ml
重量：约 982 克
生产日期：2008 年 2 月 21 日
产地：贵州省仁怀市茅台镇
说明：茅台酒属酱香型大曲酒，风格完美。其酒质晶亮透明，微有黄色；酒液酱香突出，令人陶醉。敞杯香气扑
　　　鼻，畅饮满口生香，空杯留香不散，具有口味幽雅细腻，酒体丰满醇厚，口味悠长醇馥，香气幽郁不绝的
　　　特点，由酱香、窖底香、醇甜三大特殊风味融合而成，现已知香气组成成分多达 300 余种。

'APSARAS' KWEICHOW MOUTAI MADE IN 2008 (ORIGINAL CARTON)

12 bottles
RMB: 58,000—70,000

贵州茅台酒装箱单	
品名	贵州茅台酒
规格	500ml
单位	瓶
数量	12
批次	1
装箱工号	C32
装箱日期	2008年 2月 21日

4567　1991 年飞天牌贵州茅台酒（原箱）

数量：12 瓶
度数：53%vol
容量：200ml
重量：约 440 克
生产日期：1991 年 4 月 27 日
产地：贵州省仁怀市茅台镇
说明：茅台酒属酱香型大曲酒，风格完美。其酒质晶亮透明，微有黄色；酒液酱香突出，令入陶醉。散杯香气扑鼻，畅饮满口生香，空杯留香不散，具有口味幽雅细腻，酒体丰满醇厚，口味悠长醇馥，香气幽郁不绝的特点，由酱香、窖底香、醇甜三大特殊风味融合而成，现已知香气组成成分多达 300 余种。

'APSARAS' KWEICHOW MOUTAI MADE IN 1991 (ORIGINAL CARTON)
12 bottles
RMB: 100,000—150,000

4568　2007 年隆重庆祝中国人民解放军建军 80 周年专供贵州茅台酒（原箱）

数量：12 瓶
度数：53%vol
容量：500ml
重量：约 940 克
生产日期：2007 年 7 月 17 日
产地：贵州省仁怀市茅台镇
说明：茅台酒属酱香型大曲酒，风格完美。其酒质晶亮透明，微有黄色；酒液酱香突出，令人陶醉。散杯香气扑鼻，畅饮满口生香，空杯留香不散，具有口味幽雅细腻，酒体丰满醇厚，口味悠长醇馥，香气幽郁不绝的特点，由酱香、窖底香、醇甜三大特殊风味融合而成，现已知香气组成成分多达 300 余种。

KWEICHOW MOUTAI FOR THE 80TH ANNIVERSARY OF THE FOUNDING OF THE P.L.A.
MADE IN 2007 (ORIGINAL CARTON)

12 bottles
RMB: 80,000—90,000

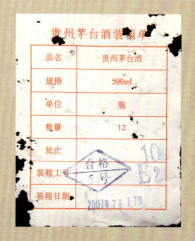

4569　2010年上海世博会喜酒（原箱）

数量：6瓶
度数：53%vol
容量：500ml
重量：约980克
生产日期：2010年10月12日
产地：贵州省仁怀市茅台镇
说明：国酒茅台在世博园内推出根据各国家自建馆的建筑风格设计的限量纪念版"世博喜酒"，受到欢迎。世博特制喜酒，具有酱香突出、优雅细腻、酒体浑厚、回味悠长、空杯留香持久的独特风格，包装设计以传统"喜"字组合吉祥图案，突出热烈祥和、人和富贵的庆典元素。以体现举家同喜、举国同庆的世博会的节日气氛，世博喜酒特制20万樽，是喜事与幸福时刻最好的见证具有独特的收藏价值与意义。

KWEICHOW MOUTAI FOR SHANGHAI WORLD EXPO MADE IN 2010 (ORIGINAL CARTON)

6 bottles
RMB: 15,000—20,000

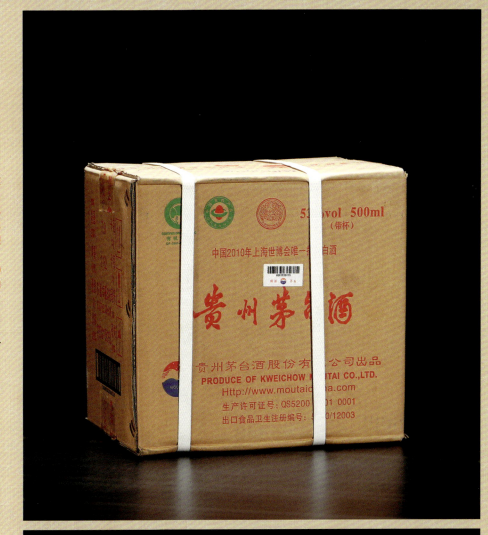

4570　2007年飞天牌贵州茅台酒（原箱）

数量：6瓶
度数：53%vol
容量：750ml
重量：约1200克
生产日期：2007年4月21日
产地：贵州省仁怀市茅台镇
说明：茅台酒属酱香型大曲酒，风格完美。其酒质晶亮透明，微有黄色；酒液酱香突出，令人陶醉。敞杯香气扑鼻，畅饮满口生香，空杯留香不散，具有口味幽雅细腻，酒体丰满醇厚，口味悠长醇馥，香气幽郁不绝的特点。"飞天牌"茅台酒的商标取自敦煌壁画的飞天图案。

'APSARAS' KWEICHOW MOUTAI MADE IN 2007 (ORIGINAL CARTON)

6 bottles
RMB: 20,000—30,000

4571　2007 年飞天牌贵州茅台酒（两原箱）

数量：24 瓶
度数：53%vol
容量：500ml
重量：约 980 克
生产日期：2007 年 6 月 7 日；2007 年 12 月 20 日
产地：贵州省仁怀市茅台镇
说明：茅台酒属酱香型大曲酒，风格完美。其酒质晶亮透明，微有黄色；酒液酱香突出，令人陶醉。散杯香气扑
　　　鼻，畅饮满口生香，空杯留香不散，具有口味幽雅细腻，酒体丰满醇厚，口味悠长醇馥，香气幽郁不绝的
　　　特点。"飞天牌"茅台酒的商标取自敦煌壁画的飞天图案。

'APSARAS' KWEICHOW MOUTAI MADE IN 2007 (TWO ORIGINAL CARTONS)
24 bottles
RMB: 70,000—80,000

4572   2006 年盛世国藏贵州茅台酒（原箱）

数量：6 瓶
度数：53%vol
容量：500ml
重量：约 980 克
生产日期：2006 年 11 月 1 日
产地：贵州省仁怀市茅台镇

说明：茅台酒属酱香型大曲酒，风格完美。其酒质晶亮
透明，微有黄色；酒液酱香突出，令人陶醉。敞
杯香气扑鼻，畅饮满口生香，空杯留香不散，具
有口味幽雅细腻，酒体丰满醇厚，口味悠长醇馥，
香气幽郁不绝的特点，由酱香、窖底香、醇甜三
大特殊风味融合而成，现已知香气组成成分多达
300 余种。

**KWEICHOW MOUTAI MADE IN 2006
(ORIGINAL CARTON)**

6 bottles
RMB: 15,000—20,000

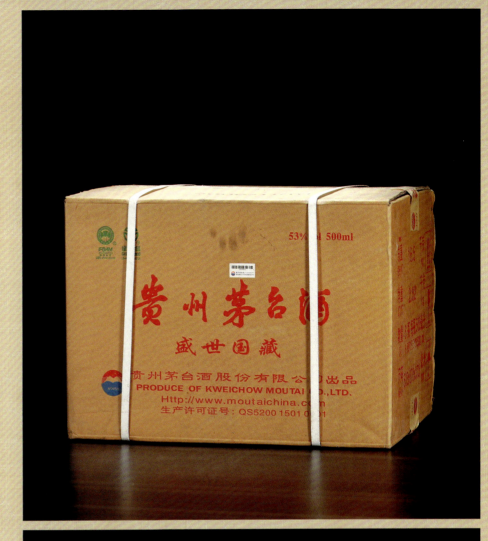

4573   2006 年飞天牌贵州茅台酒（原箱）

数量：12 瓶
度数：53%vol
容量：500ml
重量：约 980 克
生产日期：2006 年 12 月 30 日
产地：贵州省仁怀市茅台镇

说明：茅台酒属酱香型大曲酒，风格完美。其酒质晶亮
透明，微有黄色；酒液酱香突出，令人陶醉。敞
杯香气扑鼻，畅饮满口生香，空杯留香不散，具
有口味幽雅细腻，酒体丰满醇厚，口味悠长醇馥，
香气幽郁不绝的特点。"飞天牌"茅台酒的商标
取自敦煌壁画的飞天图案。

**'APSARAS' KWEICHOW MOUTAI MADE IN
2006 (ORIGINAL CARTON)**

12 bottles
RMB: 35,000—50,000

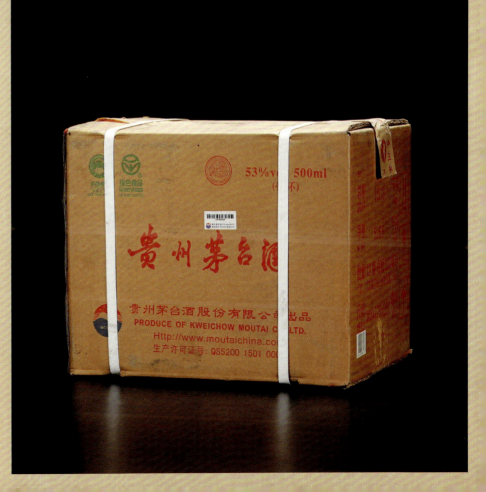

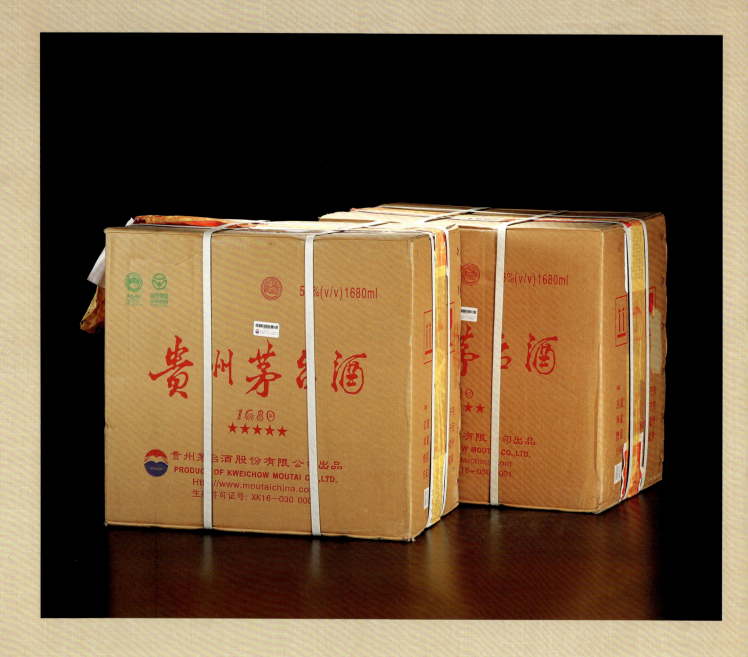

4574　2006 年 1680 贵州茅台酒（两原箱）

数量：6 瓶
度数：53%vol
容量：1680ml
生产日期：2006 年 9 月 20 日
产地：贵州省仁怀市茅台镇
说明：茅台酒属酱香型大曲酒，风格完美。其酒质晶亮透明，微有黄色；酒液酱香突出，令人陶醉。敞杯香气扑
　　鼻，畅饮满口生香，空杯留香不散，具有口味幽雅细腻，酒体丰满醇厚，口味悠长醇馥，香气幽郁不绝的
　　特点，由酱香、窖底香、醇甜三大特殊风味融合而成，现已知香气组成成分多达 300 余种。

KWEICHOW MOUTAI MADE IN 2006 (TWO ORIGINAL CARTONS)

6 bottles
RMB: 60,000—80,000

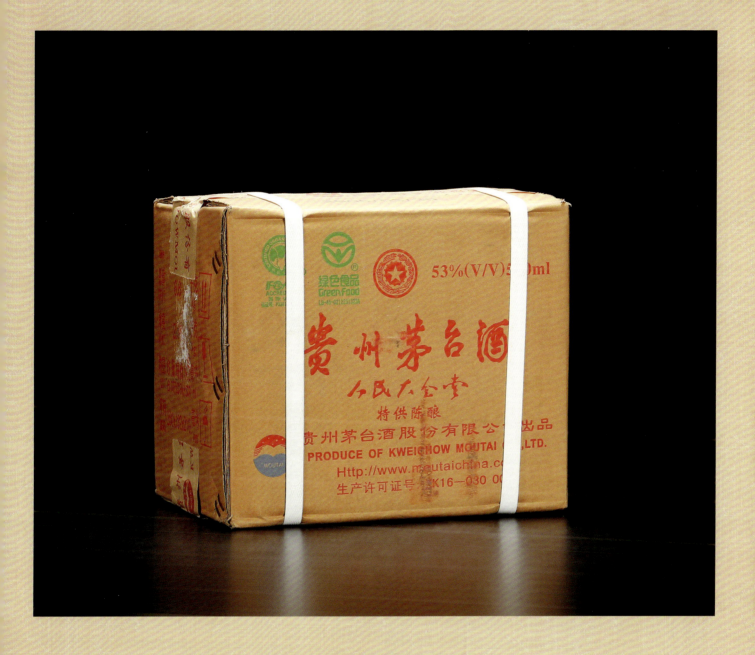

4575　2006年人民大会堂特供茅台酒（原箱）

数量：6瓶
度数：53%vol
容量：500ml
重量：约980克
生产日期：2006年3月30日
产地：贵州省仁怀市茅台镇
说明：人民大会堂陈酿茅台酒是贵州茅台酒股份有限公司专为人民大会堂国宴用酒特别生产。瓶身为酱色，瓶身
　　　背面有"人民大会堂陈酿"的背标。他秉承茅台传统工艺，精心酿制而成，酒体丰满、醇和协调、空杯留
　　　香、回味悠长，堪称名品中的珍品。

KWEICHOW MOUTAI FOR THE GREAT HALL OF THE PEOPLE MADE IN 2006

6 bottles
RMB: 60,000—80,000

4576　2006 年八一特供陈酿茅台酒（两原箱）

数量：24 瓶

度数：53%vol

容量：500ml

重量：约 980 克

生产日期：2006 年 12 月 30 日

产地：贵州省仁怀市茅台镇

说明：本标的为八一特供陈酿贵州茅台酒原箱。茅台酒属酱香型大曲酒，风格完美。其酒质晶亮透明，微有黄色；
酒液酱香突出，令人陶醉。敞杯香气扑鼻，畅饮满口生香，空杯留香不散，具有口味幽雅细腻，酒体丰满
醇厚，口味悠长醇馥，香气幽郁不绝的特点。

KWEICHOW MOUTAI FOR THE ARMY DAY MADE IN 2006 (TWO ORIGINAL CARTONS)

24 bottles

RMB: 150,000—180,000

4577 2003–2005 年贵州茅台酒十五年陈酿（两原箱）

数量：12 瓶
度数：53%vol
容量：500ml
重量：约 980 克
生产日期：2003 年 5 月 30 日；2005 年 12 月 30 日
产地：贵州省仁怀市茅台镇
说明：茅台酒属酱香型大曲酒，风格完美。其酒质晶亮透明，微有黄色；酒液酱香突出，令人陶醉。敞杯香气扑
鼻，畅饮满口生香，空杯留香不散，具有口味幽雅细腻，酒体丰满醇厚，口味悠长醇馥，香气幽郁不绝的
特点，由酱香、窖底香、醇甜三大特殊风味融合而成，现已知香气组成成分多达 300 余种。

15-YEAR-OLD KWEICHOW MOUTAI MADE BETWEEN 2003 AND 2005 (TWO ORIGINAL CARTONS)

12 bottles
RMB: 70,000—90,000

贵州茅台酒装箱单	
品名	贵州茅台酒
规格	500ml
单位	瓶
数量	6
批次	1
装箱工号	A47
装箱日期	2005年 12月 30日

4578　2001 年五星牌贵州茅台酒（原箱）

数量：12 瓶

度数：53%vol

容量：500ml

重量：约 980 克

生产日期：2001 月 9 月 24 日

产地：贵州省仁怀市茅台镇

说明：茅台酒属酱香型大曲酒，风格完美。其酒质晶亮透明，微有黄色；酒液酱香突出，令人陶醉。敞杯香气扑鼻，畅饮满口生香，空杯留香不散，具有口味幽雅细腻，酒体丰满醇厚，口味悠长醇馥，香气幽郁不绝的特点，由酱香、窖底香、醇甜三大特殊风味融合而成，现已知香气组成成分多达 300 余种。

'FIVE-STAR' KWEICHOW MOUTAI MADE IN 2001 (ORIGINAL CARTON)

12 bottles

RMB: 50,000—80,000

4579　1979–1981 年五星牌贵州茅台酒

数量 : 3 瓶

度数 : 约 54%vol

容量 : 540ml

重量 : 约 980 克

生产日期 : 1981 年；1979 年 8 月；1979 年 6 月 2 日

产地 : 贵州省仁怀市茅台镇

说明 : 茅台酒属酱香型大曲酒，风格完美。其酒质晶亮透明，微有黄色；酒液酱香突出，令人陶醉。敞杯香气扑鼻，
　　　畅饮满口生香，空杯留香不散，具有口味幽雅细腻，酒体丰满醇厚，口味悠长醇馥，香气幽郁不绝的特点，
　　　由酱香、窖底香、醇甜三大特殊风味融合而成，现已知香气组成成分多达 300 余种。"地方国营"茅台酒
　　　酒瓶正面右下角有"地方国营茅台酒厂出品"的字样。此标记从 1953 年使用至 1986 年。

'FIVE-STAR' KWEICHOW MOUTAI MADE BETWEEN 1979 AND 1981

3 bottles

RMB: 80,000—100,000

4580　2006 年五星牌贵州茅台酒

数量：6 瓶

度数：53%vol

容量：500ml

重量：950 克；944 克；965 克；963 克；940 克；945 克

生产日期：2006 年 10 月 2 日；2006 年 9 月 22 日；2006 年 9 月 22 日；2006 年 8 月 22 日；2006 年 12 月 25 日；
　　　　　2006 年 12 月 25 日

产地：贵州省仁怀市茅台镇

说明：茅台酒属酱香型大曲酒，风格完美。其酒质晶亮透明，微有黄色；酒液酱香突出，令人陶醉。敞杯香气扑
　　　鼻，畅饮满口生香，空杯留香不散，具有口味幽雅细腻，酒体丰满醇厚，口味悠长醇馥，香气幽郁不绝的
　　　特点，由酱香、窖底香、醇甜三大特殊风味融合而成，现已知香气组成成分多达 300 余种。

'FIVE-STAR' KWEICHOW MOUTAI MADE IN 2006

6 bottles

RMB: 26,000—30,000

4581　2005 年五星牌贵州茅台酒

数量：6 瓶

度数：53%vol

容量：500ml

重量：950 克；918 克；943 克；957 克；936 克；954 克

生产日期：2005 年 12 月 7 日；2005 年 12 月 7 日；2005 年 12 月 30 日；2005 年 12 月 30 日；2005 年 6 月 6 日；
　　　　　2005 年 1 月 24 日

产地：贵州省仁怀市茅台镇

说明：茅台酒属酱香型大曲酒，风格完美。其酒质晶亮透明，微有黄色；酒液酱香突出，令人陶醉。散杯香气扑
　　　鼻，畅饮满口生香，空杯留香不散，具有口味幽雅细腻，酒体丰满醇厚，口味悠长醇馥，香气幽郁不绝的
　　　特点，由酱香、窖底香、醇甜三大特殊风味融合而成，现已知香气组成成分多达 300 余种。

'FIVE-STAR' KWEICHOW MOUTAI MADE IN 2005

6 bottles

RMB: 28,000—30,000

4582　2004 年五星牌贵州茅台酒

数量：6 瓶

度数：53%vol

容量：500ml

重量：951 克；953 克；940 克；952 克；960 克；955 克

生产日期：2004 年 10 月 29 日；2004 年 6 月 14 日；2004 年 12 月 28 日；2004 年 2 月 6 日；2004 年 2 月 6 日；
　　　　2004 年 9 月 20 日

产地：贵州省仁怀市茅台镇

说明：茅台酒属酱香型大曲酒，风格完美。其酒质晶亮透明，微有黄色；酒液酱香突出，令人陶醉。敞杯香气扑鼻，畅饮满口生香，空杯留香不散，具有口味幽雅细腻，酒体丰满醇厚，口味悠长醇馥，香气幽郁不绝的特点，由酱香、窖底香、醇甜三大特殊风味融合而成，现已知香气组成成分多达 300 余种。

'FIVE-STAR' KWEICHOW MOUTAI MADE IN 2004

6 bottles

RMB: 29,000—35,000

4583　2004 年飞天牌贵州茅台酒（两斤装）

数量：6 瓶

度数：53%vol

容量：1000ml

重量：约 1747 克

生产日期：2004 年

产地：贵州省仁怀市茅台镇

说明：茅台酒属酱香型大曲酒，风格完美。其酒质晶亮透明，微有黄色；酒液酱香突出，令人陶醉。敞杯香气扑鼻，畅饮满口生香，空杯留香不散，具有口味幽雅细腻，酒体丰满醇厚，口味悠长醇馥，香气幽郁不绝的特点，由酱香、窖底香、醇甜三大特殊风味融合而成，现已知香气组成成分多达 300 余种。

'APSARAS' KWEICHOW MOUTAI MADE IN 2004

6 bottles

RMB: 55,000—80,000

4584   2004–2006 年飞天牌贵州茅台酒

数量：30 瓶

度数：53%vol

容量：500ml

重量：956 克；960 克；974 克；961 克；953 克；944 克；948 克；948 克；947 克；940 克；958 克；954 克；951 克；
        953 克；923 克；930 克；970 克；934 克；957 克；952 克；941 克；956 克；966 克；958 克；956 克；951 克；
        957 克；973 克；953 克；935 克

生产日期：2004-2006 年

产地：贵州省仁怀市茅台镇

说明：茅台酒属酱香型大曲酒，风格完美。其酒质晶亮透明，微有黄色；酒液酱香突出，令人陶醉。敞杯香气扑
        鼻，畅饮满口生香，空杯留香不散，具有口味幽雅细腻，酒体丰满醇厚，口味悠长醇馥，香气幽郁不绝的
        特点，由酱香、窖底香、醇甜三大特殊风味融合而成，现已知香气组成成分多达 300 余种。

'APSARAS' KWEICHOW MOUTAI MADE BETWEEN 2004 AND 2006

30 bottles

RMB: 130,000—200,000

4585　2003 年五星牌贵州茅台酒

数量：6 瓶

度数：53%vol

容量：500ml

重量：931 克；939 克；942 克；963 克；951 克；1001 克

生产日期：2003 年 12 月 25 日；2003 年 12 月 9 日；2003 年 5 月 24 日；2003 年 3 月 11 日；2003 年 11 月 18 日；
　　　　　2003 年 6 月 17 日

产地：贵州省仁怀市茅台镇

说明：茅台酒属酱香型大曲酒，风格完美。其酒质晶亮透明，微有黄色；酒液酱香突出，令人陶醉。敞杯香气扑
　　　鼻，畅饮满口生香，空杯留香不散，具有口味幽雅细腻，酒体丰满醇厚，口味悠长醇馥，香气幽郁不绝的
　　　特点，由酱香、窖底香、醇甜三大特殊风味融合而成，现已知香气组成成分多达 300 余种。

'FIVE-STAR' KWEICHOW MOUTAI MADE IN 2003

6 bottles

RMB: 35,000—50,000

4586   2003 年五星牌贵州茅台酒

数量：12 瓶

度数：53%vol

容量：500ml

重量：949 克；954 克；945 克；947 克；957 克；945 克；959 克；945 克；947 克；953 克；949 克；966 克

生产日期：2003 年 2 月 25 日；2003 年 8 月 30 日；2003 年 6 月 8 日；2003 年 8 月 30 日；2003 年 2 月 11 日；
　　　　　2003 年 12 月 20 日；2003 年 2 月 11 日；2003 年 8 月 6 日；2003 年 8 月 12 日；2003 年 12 月 20 日；
　　　　　2003 年 5 月 24 日；2003 年 12 月 9 日

产地：贵州省仁怀市茅台镇

说明：茅台酒属酱香型大曲酒，风格完美。其酒质晶亮透明，微有黄色；酒液酱香突出，令人陶醉。敞杯香气扑
　　　鼻，畅饮满口生香，空杯留香不散，具有口味幽雅细腻，酒体丰满醇厚，口味悠长醇馥，香气幽郁都不绝的
　　　特点，由酱香、窖底香、醇甜三大特殊风味融合而成，现已知香气组成成分多达 300 余种。

'FIVE-STAR' KWEICHOW MOUTAI MADE IN 2003

12 bottles

RMB: 72,000—90,000

4587　2002 年五星牌贵州茅台酒

数量：6 瓶

度数：53%vol

容量：500ml

重量：922 克；957 克；952 克；958 克；971 克；968 克

生产日期：2002 年 12 月 24 日；2002 年 11 月 26 日；2002 年 12 月 25 日；2002 年 10 月 1 日；2002 年 4 月 23 日；
　　　　　2002 年 11 月 26 日

产地：贵州省仁怀市茅台镇

说明：茅台酒属酱香型大曲酒，风格完美。其酒质晶亮透明，微有黄色；酒液酱香突出，令人陶醉。敞杯香气扑
　　　鼻，畅饮满口生香，空杯留香不散，具有口味幽雅细腻，酒体丰满醇厚，口味悠长醇馥，香气幽郁不绝的
　　　特点，由酱香、窖底香、醇甜三大特殊风味融合而成，现已知香气组成成分多达 300 余种。

'FIVE-STAR' KWEICHOW MOUTAI MADE IN 2002

6 bottles

RMB: 36,000—50,000

4588　2002 年五星牌贵州茅台酒

数量：12 瓶
度数：53%vol
容量：500ml
重量：961 克；957 克；967 克；953 克；956 克；952 克；971 克；963 克；964 克；992 克；950 克；972 克
生产日期：2002 年 7 月 10 日；2002 年 12 月 24 日；2002 年 10 月 28 日；2002 年 5 月 21 日；2002 年 6 月 18 日；
　　　　　2002 年 9 月 5 日；2002 年 4 月 5 日；2002 年 11 月 26 日；2002 年 6 月 18 日；2002 年 8 月 30 日；
　　　　　2002 年 11 月 13 日；2002 年 6 月 12 日
产地：贵州省仁怀市茅台镇
说明：茅台酒属酱香型大曲酒，风格完美。其酒质晶亮透明，微有黄色；酒液酱香突出，令人陶醉。敞杯香气扑
　　　鼻，畅饮满口生香，空杯留香不散，具有口味幽雅细腻，酒体丰满醇厚，口味悠长醇馥，香气幽郁不绝的
　　　特点，由酱香、窖底香、醇甜三大特殊风味融合而成，现已知香气组成成分多达 300 余种。

'FIVE-STAR' KWEICHOW MOUTAI MADE IN 2002

12 bottles
RMB: 75,000—90,000

4589　2001 年五星牌贵州茅台酒

数量：6 瓶

度数：53%vol

容量：500ml

重量：944 克；936 克；939 克；954 克；941 克；947 克

生产日期：2001 年 6 月 25 日；2001 年 6 月 9 日；2001 年 7 月 23 日；2001 年 6 月 25 日；2001 年 7 月 23 日；
　　　　　2001 年 9 月 11 日

产地：贵州省仁怀市茅台镇

说明：茅台酒属酱香型大曲酒，风格完美。其酒质晶亮透明，微有黄色；酒液酱香突出，令人陶醉。散杯香气扑
　　　鼻，畅饮满口生香，空杯留香不散，具有口味幽雅细腻，酒体丰满醇厚，口味悠长醇馥，香气幽郁不绝的
　　　特点，由酱香、窖底香、醇甜三大特殊风味融合而成，现已知香气组成成分多达 300 余种。

'FIVE-STAR' KWEICHOW MOUTAI MADE IN 2001

6 bottles

RMB: 38,000—50,000

4590   2001 年五星牌贵州茅台酒

数量：12 瓶

度数：53%vol

容量：500ml

重量：951 克；961 克；964 克；962 克；947 克；943 克；945 克；948 克；961 克；962 克；946 克；969 克

生产日期：2001 年 3 月 22 日；2001 年 1 月 18 日；2001 年 8 月 29 日；2001 年 5 月 18 日；2001 年 6 月 7 日；
　　　　2001 年 6 月 7 日；2001 年 9 月 6 日；2001 年 5 月 24 日；2001 年 4 月 11 日；2001 年 1 月 6 日；2001
　　　　年 12 月 12 日；2001 年 2 月 2 日

产地：贵州省仁怀市茅台镇

说明：茅台酒属酱香型大曲酒，风格完美。其酒质晶亮透明，微有黄色；酒液酱香突出，令人陶醉。敞杯香气扑
　　　鼻，畅饮满口生香，空杯留香不散，具有口味幽雅细腻，酒体丰满醇厚，口味悠长醇馥，香气幽郁不绝的
　　　特点，由酱香、窖底香、醇甜三大特殊风味融合而成，现已知香气组成成分多达 300 余种。

'FIVE-STAR' KWEICHOW MOUTAI MADE IN 2001

12 bottles

RMB: 76,000—90,000

4591　2001-2003 年飞天牌贵州茅台酒

数量：30 瓶

度数：53%vol

容量：500ml

重量：949 克；954 克；962 克；945 克；943 克；951 克；948 克；958 克；938 克；942 克；926 克；948 克；944 克；
952 克；940 克；943 克；960 克；955 克；957 克；978 克；951 克；955 克；952 克；982 克；958 克；962 克；
940 克；929 克；957 克；953 克

生产日期：2001-2003 年

产地：贵州省仁怀市茅台镇

说明：茅台酒属酱香型大曲酒，风格完美。其酒质晶亮透明，微有黄色；酒液酱香突出，令人陶醉。敞杯香气扑
鼻，畅饮满口生香，空杯留香不散，具有口味幽雅细腻，酒体丰满醇厚，口味悠长醇馥，香气幽郁不绝的
特点，由酱香、窖底香、醇甜三大特殊风味融合而成，现已知香气组成成分多达 300 余种。

'APSARAS' KWEICHOW MOUTAI MADE BETWEEN 2001 AND 2003

30 bottles

RMB: 170,000—200,000

4592　2001–2003 年五星牌贵州茅台酒

数量：30 瓶　　　　　　　　度数：53%vol

容量：500ml

重量：939 克；948 克；959 克；957 克；960 克；954 克；950 克；966 克；943 克；964 克；960 克；963 克；948 克；939 克；953 克；965 克；949 克；945 克；946 克；945 克；944 克；950 克；961 克；906 克；944 克；964 克；970 克；966 克；950 克；952 克

生产日期：2001-2003 年　　　　产地：贵州省仁怀市茅台镇

说明：茅台酒属酱香型大曲酒，风格完美。其酒质晶亮透明，微有黄色；酒液酱香突出，令人陶醉。散杯香气扑鼻，畅饮满口生香，空杯留香不散，具有口味幽雅细腻，酒体丰满醇厚，口味悠长醇馥，香气幽郁不绝的特点，由酱香、窖底香、醇甜三大特殊风味融合而成，现已知香气组成成分多达 300 余种。

'FIVE-STAR' KWEICHOW MOUTAI MADE BETWEEN 2001 AND 2003

30 bottles

RMB: 170,000—200,000

4593　2000 年飞天牌贵州茅台酒

数量：6 瓶　　　　　　　　度数：53%vol

容量：500ml　　　　　　　重量：972 克；943 克；942 克；914 克；944 克；973 克

生产日期：2000 年 11 月 9 日；2000 年 12 月 21 日；2000 月 11 月 7 日；2000 年 8 月 24 日；2000 年 10 月 9 日；2000 年 9 月 2 日

产地：贵州省仁怀市茅台镇

说明：茅台酒属酱香型大曲酒，风格完美。其酒质晶亮透明，微有黄色；酒液酱香突出，令人陶醉。散杯香气扑鼻，畅饮满口生香，空杯留香不散，具有口味幽雅细腻，酒体丰满醇厚，口味悠长醇馥，香气幽郁不绝的特点，由酱香、窖底香、醇甜三大特殊风味融合而成，现已知香气组成成分多达 300 余种。

'APSARAS' KWEICHOW MOUTAI MADE IN 2000

6 bottles

RMB: 45,000—60,000

4594   1999 年飞天牌贵州茅台酒

数量：6 瓶

度数：53%vol

容量：500ml

重量：930 克；942 克；968 克；962 克；922 克；956 克

生产日期：1999 年 11 月 6 日；1999 年 11 月 6 日；1999 年 2 月 1 日；1999 年 2 月 5 日；1999 年 12 月 11 日；
    1999 年 12 月 3 日

产地：贵州省仁怀市茅台镇

说明：茅台酒属酱香型大曲酒，风格完美。其酒质晶亮透明，微有黄色；酒液酱香突出，令人陶醉。散杯香气扑
    鼻，畅饮满口生香，空杯留香不散，具有口味幽雅细腻，酒体丰满醇厚，口味悠长醇馥，香气幽郁不绝的
    特点，由酱香、窖底香、醇甜三大特殊风味融合而成，现已知香气组成成分多达 300 余种。

'APSARAS' KWEICHOW MOUTAI MADE IN 1999

6 bottles

RMB: 50,000—60,000

4595   1999 年五星牌、飞天牌贵州茅台酒

数量：12 瓶

度数：53%vol

容量：500ml

重量：957 克；964 克；946 克；967 克；980 克；960 克；958 克；950 克；975 克；957 克；957 克；934 克

生产日期：1999 年 12 月 28 日；1999 年 8 月 16 日；1999 年 4 月 19 日；1999 年 3 月 30 日；1999 年 2 月 1 日；
1999 年 12 月 27 日；1999 年 2 月 24 日；1999 年 3 月 30 日；1999 年 5 月 19 日；1999 年 1 月 6 日；
1999 年 12 月 27 日；1999 年 9 月 11 日

产地：贵州省仁怀市茅台镇

说明：茅台酒属酱香型大曲酒，风格完美。其酒质晶亮透明，微有黄色；酒液酱香突出，令人陶醉。敞杯香气扑
鼻，畅饮满口生香，空杯留香不散，具有口味幽雅细腻，酒体丰满醇厚，口味悠长醇馥，香气幽郁不绝的
特点，由酱香、窖底香、醇甜三大特殊风味融合而成，现已知香气组成成分多达 300 余种。

'FIVE-STAR' AND 'APSARAS' KWEICHOW MOUTAI MADE IN 1999

12 bottles

RMB: 95,000—120,000

4596　1998 年飞天牌贵州茅台酒

数量：6 瓶

度数：53%vol

容量：500ml

重量：938 克；957 克；995 克；996 克；947 克；967 克

生产日期：1998 年 9 月 17 日；1998 年 10 月 5 日；1998 年 9 月 25 日；
　　　　　1998 年 3 月 18 日；1998 年 4 月 29 日；1998 年 12 月 25 日

产地：贵州省仁怀市茅台镇

说明：茅台酒属酱香型大曲酒，风格完美。其酒质晶亮透明，微有黄色；
　　　酒液酱香突出，令人陶醉。敞杯香气扑鼻，畅饮满口生香，空杯
　　　留香不散，具有口味幽雅细腻，酒体丰满醇厚，口味悠长醇馥，
　　　香气幽郁不绝的特点，由酱香、窖底香、醇甜三大特殊风味融合
　　　而成，现已知香气组成成分多达 300 余种。

'APSARAS' KWEICHOW MOUTAI MADE IN 1998

6 bottles

RMB: 46,000—60,000

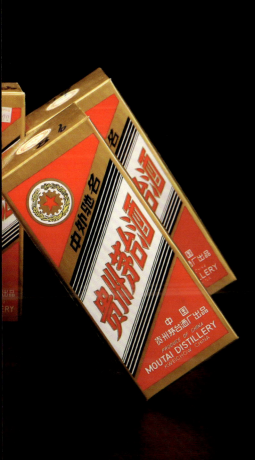

4597　1998 年五星牌贵州茅台酒

数量：12 瓶

度数：53%vol

容量：500ml

重量：965 克；940 克；966 克；981 克；974 克；964 克；960 克；984 克；
　　　954 克；961 克；969 克；965 克

生产日期：1998 年 8 月 29 日；1998 年 10 月 22 日；1998 年 12 月 17 日；
　　　　　1998 年 12 月 4 日；1998 年 6 月 4 日；1998 年 12 月 17 日；
　　　　　1998 年 10 月 22 日；1998 年 12 月 2 日；1998 年 12 月 17 日；
　　　　　1998 年 9 月 9 日；1998 年 8 月 3 日；1998 年 3 月 26 日

产地：贵州省仁怀市茅台镇

说明：茅台酒属酱香型大曲酒，风格完美。其酒质晶亮透明，微有黄色；
　　　酒液酱香突出，令人陶醉。敞杯香气扑鼻，畅饮满口生香，空杯
　　　留香不散，具有口味幽雅细腻，酒体丰满醇厚，口味悠长醇馥，
　　　香气幽郁不绝的特点，由酱香、窖底香、醇甜三大特殊风味融合
　　　而成，现已知香气组成成分多达 300 余种。

'FIVE-STAR' KWEICHOW MOUTAI MADE IN 1998

12 bottles

RMB: 95,000—120,000

4598　1997 年飞天牌贵州茅台酒

数量：6 瓶　　　　　　　　度数：53%vol

容量：500ml　　　　　　　重量：981 克；980 克；958 克；953 克；964 克；992 克

生产日期：1997 年 10 月 22 日；1997 年 5 月 5 日；1997 年 4 月 30 日；1997 年 3 月 10 日；1997 年 4 月 28 日；1997 年 10 月 15 日

产地：贵州省仁怀市茅台镇

说明：茅台酒属酱香型大曲酒，风格完美。其酒质晶亮透明，微有黄色；酒液酱香突出，令人陶醉。敞杯香气扑鼻，畅饮满口生香，空杯
　　　留香不散，具有口味幽雅细腻，酒体丰满醇厚，口味悠长醇馥，香气幽郁不绝的特点，由酱香、窖底香、醇甜三大特殊风味融合而成，
　　　现已知香气组成成分多达 300 余种。

'APSARAS' KWEICHOW MOUTAI MADE IN 1997

6 bottles

RMB: 40,000—50,000

4599　1997 年飞天牌贵州茅台酒

数量：6 瓶　　　　　　　　度数：53%vol

容量：500ml　　　　　　　重量：960 克；951 克；966 克；981 克；991 克；990 克

生产日期：1997 年 12 月 17 日；1997 年 7 月 7 日；1997 年 5 月 5 日；1997 年 10 月 18 日；1997 年 12 月 18 日；1997 年 3 月 5 日

产地：贵州省仁怀市茅台镇

说明：茅台酒属酱香型大曲酒，风格完美。其酒质晶亮透明，微有黄色；酒液酱香突出，令人陶醉。敞杯香气扑鼻，畅饮满口生香，空杯
　　　留香不散，具有口味幽雅细腻，酒体丰满醇厚，口味悠长醇馥，香气幽郁不绝的特点。“飞天牌”茅台酒的商标取自敦煌壁画的飞
　　　天图案。

'APSARAS' KWEICHOW MOUTAI MADE IN 1997

6 bottles

RMB: 40,000—50,000

4600 1997 年五星牌、飞天牌贵州茅台酒

数量：12 瓶

度数：53%vol

容量：500ml

重量：993 克；957 克；964 克；972 克；987 克；963 克；960 克；978 克；978 克；957 克；966 克；963 克

生产日期：1997 年 11 月 4 日；1997 年 12 月 5 日；1997 年 10 月 9 日；1997 年 11 月 10 日；1997 年 10 月 23 日；
1997 年 1 月 14 日；1997 年 1 月 18 日；1997 年 1 月 2 日；1997 年 10 月 6 日；1997 年 11 月 5 日；
1997 年 9 月 3 日；1997 年 1 月 2 日

产地：贵州省仁怀市茅台镇

说明：茅台酒属酱香型大曲酒，风格完美。其酒质晶亮透明，微有黄色；酒液酱香突出，令人陶醉。敞杯香气扑
鼻，畅饮满口生香，空杯留香不散，具有口味幽雅细腻，酒体丰满醇厚，口味悠长醇馥，香气幽郁不绝的
特点，由酱香、窖底香、醇甜三大特殊风味融合而成，现已知香气组成成分多达 300 余种。

'FIVE-STAR' AND 'APSARAS' KWEICHOW MOUTAI MADE IN 1997

12 bottles

RMB: 95,000—120,000

4601　1997–2000 年五星牌、飞天牌贵州茅台酒

数量：30 瓶

度数：53%vol

容量：500ml

重量：970 克；943 克；924 克；934 克；939 克；955 克；943 克；979 克；952 克；980 克；942 克；972 克；957 克；
932 克；966 克；942 克；933 克；951 克；946 克；964 克；960 克；928 克；995 克；955 克；992 克；950 克；
1010 克；1009 克；970 克；969 克

生产日期：1997-2000 年

产地：贵州省仁怀市茅台镇

说明：茅台酒属酱香型大曲酒，风格完美。其酒质晶亮透明，微有黄色；酒液酱香突出，令人陶醉。敞杯香气扑
鼻，畅饮满口生香，空杯留香不散，具有口味幽雅细腻，酒体丰满醇厚，口味悠长醇馥，香气幽郁不绝的
特点，由酱香、窖底香、醇甜三大特殊风味融合而成，现已知香气组成成分多达 300 余种。

'FIVE-STAR' AND 'APSARAS' KWEICHOW MOUTAI MADE BETWEEN 1997 AND 2000

30 bottles

RMB: 230,000—300,000

4602 1997–1998 年五星牌、飞天牌贵州茅台酒

数量 : 30 瓶
度数 : 53%vol
容量 : 500ml
重量 : 957 克 ; 986 克 ; 989 克 ; 980 克 ; 960 克 ; 980 克 ; 979 克 ; 992 克 ; 947 克 ; 962 克 ; 980 克 ; 974 克 ; 968 克 ;
958 克 ; 990 克 ; 970 克 ; 983 克 ; 972 克 ; 969 克 ; 979 克 ; 998 克 ; 962 克 ; 957 克 ; 1004 克 ; 975 克 ; 956 克 ;
1011 克 ; 999 克 ; 975 克 ; 967 克
生产日期 : 1997-1998 年
产地 : 贵州省仁怀市茅台镇
说明 : 茅台酒属酱香型大曲酒，风格完美。其酒质晶亮透明，微有黄色 ; 酒液酱香突出，令人陶醉。敞杯香气扑
鼻，畅饮满口生香，空杯留香不散，具有口味幽雅细腻，酒体丰满醇厚，口味悠长醇馥，香气幽郁不绝的
特点，由酱香、窖底香、醇甜三大特殊风味融合而成，现已知香气组成成分多达 300 余种。

'FIVE-STAR' AND 'APSARAS' KWEICHOW MOUTAI MADE BETWEEN 1997 AND 1998

30 bottles

RMB: 230,000—300,000

4603　1996–1997 年五星牌、飞天牌贵州茅台酒

数量：30 瓶

度数：53%vol

容量：500ml

重量：956 克；967 克；981 克；973 克；979 克；975 克；976 克；973 克；974 克；985 克；961 克；947 克；952 克；991 克；975 克；970 克；980 克；986 克；945 克；986 克；973 克；957 克；966 克；956 克；962 克；946 克；972 克；960 克；968 克；948 克

生产日期：1996-1997 年

产地：贵州省仁怀市茅台镇

说明：茅台酒属酱香型大曲酒，风格完美。其酒质晶亮透明，微有黄色；酒液酱香突出，令人陶醉。敞杯香气扑鼻，畅饮满口生香，空杯留香不散，具有口味幽雅细腻，酒体丰满醇厚，口味悠长醇馥，香气幽郁不绝的特点，由酱香、窖底香、醇甜三大特殊风味融合而成，现已知香气组成成分多达 300 余种。

'FIVE-STAR' AND 'APSARAS' KWEICHOW MOUTAI MADE BETWEEN 1996 AND 1997

30 bottles

RMB: 240,000—300,000

4604　1997-2000 年飞天牌贵州茅台酒

数量：12 瓶　　　　　　度数：43%vol

容量：500ml　　　　　　重量：987 克；955 克；955 克；990 克；988 克；978 克；969 克；827 克；1004 克；961 克；949 克；970 克

生产日期：1997-2000 年　　产地：贵州省仁怀市茅台镇

说明：茅台酒属酱香型大曲酒，风格完美。其酒质晶亮透明，微有黄色；酒液酱香突出，令人陶醉。敞杯香气扑鼻，畅饮满口生香，空杯留香不散，
　　　具有口味幽雅细腻，酒体丰满醇厚，口味悠长醇馥，香气幽郁不绝的特点，由酱香、窖底香、醇甜三大特殊风味融合而成，现已知香气组成
　　　成分多达 300 余种。

'APSARAS' KWEICHOW MOUTAI MADE BETWEEN 1997 AND 2000

12 bottles

RMB: 22,000—30,000

4605　1996 年五星牌贵州茅台酒

数量：6 瓶　　　　　　度数：53%vol

容量：500ml　　　　　　重量：959 克；976 克；995 克；934 克；970 克；986 克

生产日期：1996 年 9 月 16 日；1996 年 9 月 16 日；1996 年 12 月 18 日；1996 年 12 月 18 日；1996 年 12 月 18 日；1996 年 12 月 21 日

产地：贵州省仁怀市茅台镇

说明：茅台酒属酱香型大曲酒，风格完美。其酒质晶亮透明，微有黄色；酒液酱香突出，令人陶醉。敞杯香气扑鼻，畅饮满口生香，空杯留香不散，
　　　具有口味幽雅细腻，酒体丰满醇厚，口味悠长醇馥，香气幽郁不绝的特点，由酱香、窖底香、醇甜三大特殊风味融合而成，现已知香气组成
　　　成分多达 300 余种。

'FIVE-STAR' KWEICHOW MOUTAI MADE IN 1996

6 bottles

RMB: 60,000—80,000

4606　1996 年五星牌贵州茅台酒

数量：12 瓶

度数：53%vol

容量：500ml

重量：974 克；931 克；950 克；979 克；971 克；950 克；958 克；950 克；1002 克；960 克；954 克；950 克

生产日期：1996 年 10 月 10 日；1996 年 8 月 20 日；1996 年 10 月 10 日；1996 年 12 月 18 日；1996 年 12 月 25 日；
　　　　　1996 年 8 月 19 日；1996 年 12 月 18 日；1996 年 10 月 11 日；1996 年 12 月 25 日；1996 年 11 月 5 日；
　　　　　1996 年 8 月 23 日；1996 年 10 月 10 日

产地：贵州省仁怀市茅台镇

说明：茅台酒属酱香型大曲酒，风格完美。其酒质晶亮透明，微有黄色；酒液酱香突出，令人陶醉。敞杯香气扑
　　　鼻，畅饮满口生香，空杯留香不散，具有口味幽雅细腻，酒体丰满醇厚，口味悠长醇馥，香气幽郁不绝的
　　　特点，由酱香、窖底香、醇甜三大特殊风味融合而成，现已知香气组成成分多达 300 余种。

'FIVE-STAR' KWEICHOW MOUTAI MADE IN 1996

12 bottles

RMB: 120,000—150,000

4607　1996 年五星牌贵州茅台酒（铁盖）

数量：6 瓶
度数：53%vol
容量：500ml
重量：949 克；954 克；944 克；931 克；955 克；916 克
生产日期：1996 年
产地：贵州省仁怀市茅台镇
说明：茅台酒属酱香型大曲酒，风格完美。其酒质晶亮透明，微有黄色；酒液酱香突出，令人陶醉。敞杯香气扑鼻，
畅饮满口生香，空杯留香不散，具有口味幽雅细腻，酒体丰满醇厚，口味悠长醇馥，香气幽郁不绝的特点，
由酱香、窖底香、醇甜三大特殊风味融合而成，现已知香气组成成分多达 300 余种。1986 年开始使用金
属盖盖封口，为了更加美观，1988 年陆续在封口上增加了红色飘带和红色封膜，1987 年 -1996 年 8 月这个
时期的茅台酒被称为"铁盖茅台"。

'FIVE-STAR' KWEICHOW MOUTAI MADE IN 1996

6 bottles

RMB: 84,000—100,000

4608　1995 年五星牌贵州茅台酒（铁盖）

数量：6 瓶

度数：53%vol

容量：500ml

重量：954 克；938 克；945 克；970 克；956 克；923 克

生产日期：1995 年 9 月 7 日；1995 年 6 月 23 日；1995 年 8 月 30 日；1995 年 6 月 3 日；1995 年 9 月 7 日；
　　　　 1995 年 8 月 28 日

产地：贵州省仁怀市茅台镇

说明：茅台酒属酱香型大曲酒，风格完美。其酒质晶亮透明，微有黄色；酒液酱香突出，令人陶醉。散杯香气扑鼻，
　　　畅饮满口生香，空杯留香不散，具有口味幽雅细腻，酒体丰满醇厚，口味悠长醇馥，香气幽郁不绝的特点，
　　　由酱香、窖底香、醇甜三大特殊风味融合而成，现已知香气组成成分多达 300 余种。1986 年开始使用金
　　　属盖封口，为了更加美观，1988 年陆续在封口上增加了红色飘带和红色封膜，1987 年 -1996 年 8 月这个
　　　时期的茅台酒被称为"铁盖茅台"。

'FIVE-STAR' KWEICHOW MOUTAI MADE IN 1995

6 bottles

RMB: 90,000—100,000

4609   1995-1996 年飞天牌贵州茅台酒（铁盖）

数量：30 瓶
度数：53%vol
容量：500ml
重量：932 克；844 克；917 克；955 克；917 克；837 克；852 克；804 克；910 克；821 克；925 克；841 克；945 克；
      921 克；851 克；821 克；931 克；834 克；913 克；903 克；940 克；948 克；820 克；944 克；912 克；828 克；
      903 克；929 克；925 克；921 克
生产日期：1995 年 -1996 年
产地：贵州省仁怀市茅台镇
说明：茅台酒属酱香型大曲酒，风格完美。其酒质晶亮透明，微有黄色；酒液酱香突出，令人陶醉。散杯香气扑鼻，
      畅饮满口生香，空杯留香不散，具有口味幽雅细腻，酒体丰满醇厚，口味悠长醇馥，香气幽郁不绝的特点，
      由酱香、窖底香、醇甜三大特殊风味融合而成，现已知香气组成成分多达 300 余种。1986 年开始使用金
      属盖封口，为了更加美观，1988 年陆续在封口上增加了红色飘带和红色封膜，1987 年 -1996 年 8 月这个
      时期的茅台酒被称为"铁盖茅台"。

'APSARAS' KWEICHOW MOUTAI MADE BETWEEN 1995 AND 1996

30 bottles
RMB: 400,000—500,000

4610   1994–1996 年五星牌贵州茅台酒（铁盖）

数量：30 瓶

度数：53%vol

容量：500ml

重量：979 克；980 克；946 克；973 克；979 克；953 克；989 克；974 克；958 克；971 克；1058 克；962 克；958 克；
953 克；968 克；958 克；913 克；980 克；937 克；920 克；879 克；940 克；996 克；969 克；962 克；913 克；
940 克；924 克；950 克；965 克

生产日期：1994-1996 年

产地：贵州省仁怀市茅台镇

说明：茅台酒属酱香型大曲酒，风格完美。其酒质晶亮透明，微有黄色；酒液酱香突出，令人陶醉。散杯香气扑鼻，
畅饮满口生香，空杯留香不散，具有口味幽雅细腻，酒体丰满醇厚，口味悠长醇馥，香气幽郁不绝的特点，
由酱香、窖底香、醇甜三大特殊风味融合而成，现已知香气组成成分多达 300 余种。1986 年开始使用金
属盖封口，为了更加美观，1988 年陆续在封口上增加了红色飘带和红色封膜，1987 年 -1996 年 8 月这个
时期的茅台酒被称为"铁盖茅台"。

'FIVE-STAR' KWEICHOW MOUTAI MADE BETWEEN 1994 AND 1996

30 bottles

RMB: 440,000—500,000

4611   1996 年飞天牌贵州茅台酒（原箱）

数量：12 瓶

度数：43%vol

容量：500ml

重量：约 995 克

生产日期：1996 年 12 月 5 日

产地：贵州省仁怀市茅台镇

说明：茅台酒属酱香型大曲酒，风格完美。其酒质晶亮透明，微有黄色；酒液酱香突出，令人陶醉。敞杯香气扑鼻，畅饮满口生香，空杯留香不散，具有口味幽雅细腻，酒体丰满醇厚，口味悠长醇馥，香气幽郁不绝的特点，由酱香、窖底香、醇甜三大特殊风味融合而成，现已知香气组成成分多达 300 余种。

'APSARAS' KWEICHOW MOUTAI MADE IN 1996 (ORIGINAL CARTON)

12 bottles

RMB: 25,000—40,000

4612　1995 年五星牌贵州茅台酒（铁盖原箱）

数量：12 瓶

度数：53%vol

容量：500ml

重量：约 965 克

生产日期：1995 年 7 月 21 日

产地：贵州省仁怀市茅台镇

说明：茅台酒属酱香型大曲酒，风格完美。其酒质晶亮透明，微有黄色；酒液酱香突出，令人陶醉。敞杯香气扑鼻，畅饮满口生香，空杯留香不散，具有口味幽雅细腻，酒体丰满醇厚，口味悠长醇馥，香气幽郁不绝的特点，由酱香、窖底香、醇甜三大特殊风味融合而成，现已知香气组成成分多达 300 余种。1986 年开始使用金属盖封口，为了更加美观，1988 年陆续在封口上增加了红色飘带和红色封膜，1987 年 -1996 年 8 月这个时期的茅台酒被称为"铁盖茅台"。

'FIVE-STAR' KWEICHOW MOUTAI MADE IN 1995 (ORIGINAL CARTON)

12 bottles

RMB: 220,000—300,000

4613　1994 年五星牌贵州茅台酒（铁盖）

数量：6 瓶
度数：53%vol
容量：500ml
重量：984 克；968 克；967 克；992 克；1000 克；989 克
生产日期：1994 年 1 月 28 日；1994 年 6 月 22 日；1994 年 12 月 28 日；1994 年 1 月 4 日；1994 年 1 月 5 日；
　　　　1994 年 7 月 12 日
产地：贵州省仁怀市茅台镇
说明：茅台酒属酱香型大曲酒，风格完美。其酒质晶亮透明，微有黄色；酒液酱香突出，令人陶醉。敞杯香气扑鼻，
　　　畅饮满口生香，空杯留香不散，具有口味幽雅细腻，酒体丰满醇厚，口味悠长醇馥，香气幽郁不绝的特点，
　　　由酱香、窖底香、醇甜三大特殊风味融合而成，现已知香气组成分多达 300 余种。1986 年开始使用金
　　　属盖封口，为了更加美观，1988 年陆续在封口上增加了红色飘带和红色封膜，1987 年 -1996 年 8 月这个
　　　时期的茅台酒被称为"铁盖茅台"。

'FIVE-STAR' KWEICHOW MOUTAI MADE IN 1994
6 bottles
RMB: 95,000—120,000

4614 1993 年五星牌贵州茅台酒（铁盖）

数量：6 瓶
度数：53%vol
容量：500ml
重量：952 克；983 克；987 克；960 克；1018 克；1002 克
生产日期：1993 年 7 月 29 日；1993 年 12 月 21 日；1993 年 12 月；1993 年 12 月 21 日；1993 年 12 月 23 日；
　　　　1993 年 12 月 20 日
产地：贵州省仁怀市茅台镇
说明：茅台酒属酱香型大曲酒，风格完美。其酒质晶亮透明，微有黄色；酒液酱香突出，令人陶醉。敞杯香气扑鼻，
　　　畅饮满口生香，空杯留香不散，具有口味幽雅细腻，酒体丰满醇厚，口味悠长醇馥，香气幽郁不绝的特点，
　　　由酱香、窖底香、醇甜三大特殊风味融合而成，现已知香气组成成分多达 300 余种。1986 年开始使用金
　　　属盖封口，为了更加美观，1988 年陆续在封口上增加了红色飘带和红色封膜，1987 年 -1996 年 8 月这个
　　　时期的茅台酒被称为"铁盖茅台"。

'FIVE-STAR' KWEICHOW MOUTAI MADE IN 1993

6 bottles
RMB: 98,000—120,000

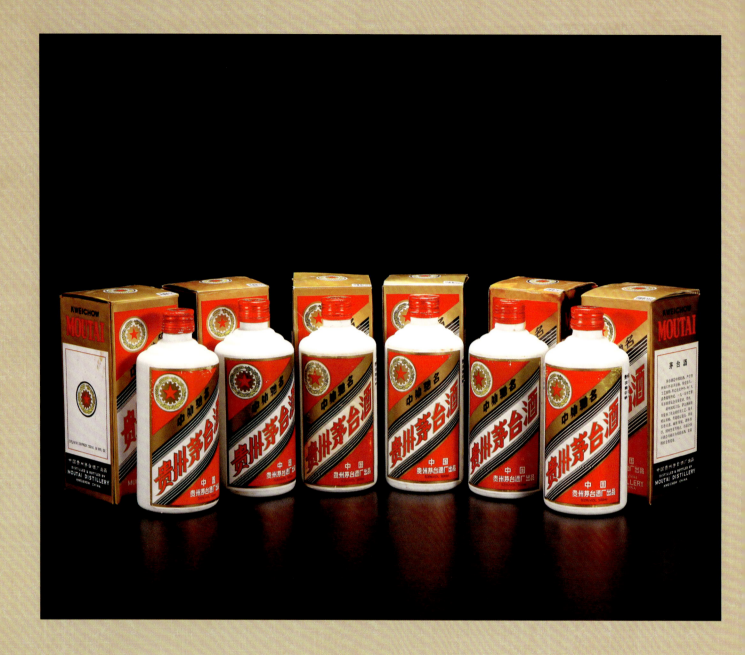

4615　1992 年五星牌贵州茅台酒（铁盖）

数量：6 瓶

度数：53%vol

容量：500ml

重量：1022 克；953 克；977 克；992 克；983 克；959 克

生产日期：1992 年

产地：贵州省仁怀市茅台镇

说明：茅台酒属酱香型大曲酒，风格完美。其酒质晶亮透明，微有黄色；酒液酱香突出，令人陶醉。敞杯香气扑鼻，畅饮满口生香，空杯留香不散，具有口味幽雅细腻，酒体丰满醇厚，口味悠长醇馥，香气幽郁不绝的特点，由酱香、窖底香、醇甜三大特殊风味融合而成，现已知香气组成成分多达 300 余种。1986 年开始使用金属盖封口，为了更加美观，1988 年陆续在封口上增加了红色飘带和红色封膜，1987 年 -1996 年 8 月这个时期的茅台酒被称为"铁盖茅台"。

'FIVE-STAR' KWEICHOW MOUTAI MADE IN 1992

6 bottles

RMB: 98,000—120,000

4616　1991年飞天牌贵州茅台酒（铁盖）

数量：6瓶

度数：53%vol

容量：500ml

重量：967克；962克；963克；990克；982克；984克

生产日期：1991年

产地：贵州省仁怀市茅台镇

说明：茅台酒属酱香型大曲酒，风格完美。其酒质晶亮透明，微有黄色；酒液酱香突出，令人陶醉。散杯香气扑鼻，畅饮满口生香，空杯留香不散，具有口味幽雅细腻，酒体丰满醇厚，口味悠长醇馥，香气幽郁不绝的特点，由酱香、窖底香、醇甜三大特殊风味融合而成，现已知香气组成成分多达300余种。1986年开始使用金属盖封口，为了更加美观，1988年陆续在封口上增加了红色飘带和红色封膜，1987年-1996年8月这个时期的茅台酒被称为"铁盖茅台"。

'APSARAS' KWEICHOW MOUTAI MADE IN 1991

6 bottles

RMB: 98,000—120,000

4617　1991–1993 年五星牌贵州茅台酒
　　　（铁盖）

数量：30 瓶
度数：53%vol
容量：500ml
重量：993 克；984 克；939 克；984 克；959 克；
　　　1000 克；974 克；970 克；940 克；979 克；
　　　992 克；982 克；1000 克；995 克；966 克；
　　　980 克；1016 克；945 克；971 克；949 克；
　　　991 克；996 克；951 克；993 克；982 克；
　　　953 克；993 克；945 克；1007 克；990 克
生产日期：1991-1993 年
产地：贵州省仁怀市茅台镇
说明：茅台酒属酱香型大曲酒，风格完美。其
　　　酒质晶亮透明，微有黄色；酒液酱香突
　　　出，令人陶醉。敞杯香气扑鼻，畅饮满
　　　口生香，空杯留香不散，具有口味幽雅
　　　细腻，酒体丰满醇厚，口味悠长醇馥，
　　　香气幽郁都不绝的特点，由酱香、窖底香、
　　　醇甜三大特殊风味融合而成，现已知香
　　　气组成成分多达 300 余种。1986 年开始
　　　使用金属盖封口，为了更加美观，1988
　　　年陆续在封口上增加了红色飘带和红色
　　　封膜，1987 年 -1996 年 8 月这个时期的
　　　茅台酒被称为"铁盖茅台"。

'FIVE-STAR' KWEICHOW MOUTAI
MADE BETWEEN 1991 AND 1993
30 bottles
RMB: 450,000—500,000

4618　1991–1993 年五星牌、飞天牌贵州茅台酒（铁盖）

数量：12 瓶

度数：43%vol

容量：500ml

重量：1070 克；1019 克；1034 克；1009 克；979 克；970 克；950 克；973 克；988 克；996 克；975 克；979 克

生产日期：1991–1993 年

产地：贵州省仁怀市茅台镇

说明：茅台酒属酱香型大曲酒，风格完美。其酒质晶亮透明，微有黄色；酒液酱香突出，令人陶醉。敞杯香气扑鼻，畅饮满口生香，空杯留香不散，具有口味幽雅细腻，酒体丰满醇厚，口味悠长醇馥，香气幽郁不绝的特点，由酱香、窖底香、醇甜三大特殊风味融合而成，现已知香气组成成分多达 300 余种。1986 年开始使用金属盖封口，为了更加美观，1988 年陆续在封口上增加了红色飘带和红色封膜，1987 年 -1996 年 8 月这个时期的茅台酒被称为"铁盖茅台"。

'FIVE-STAR' AND 'APSARAS' KWEICHOW MOUTAI MADE BETWEEN 1991 AND 1993

12 bottles

RMB: 40,000—50,000

4619 1990 年五星牌贵州茅台酒（铁盖）

数量：6 瓶

度数：53%vol

容量：500ml

重量：965 克；1007 克；978 克；953 克；959 克；966 克

生产日期：1990 年；1990 年；1990 年 1 月 18 日；1990 年 12 月 23 日；1990 年；1990 年

产地：贵州省仁怀市茅台镇

说明：茅台酒属酱香型大曲酒，风格完美。其酒质晶亮透明，微有黄色；酒液酱香突出，令人陶醉。敞杯香气扑鼻，
畅饮满口生香，空杯留香不散，具有口味幽雅细腻，酒体丰满醇厚，口味悠长醇馥，香气幽郁不绝的特点，
由酱香、窖底香、醇甜三大特殊风味融合而成，现已知香气组成成分多达 300 余种。1986 年开始使用金
属盖封口，为了更加美观，1988 年陆续在封口上增加了红色飘带和红色封膜，1987 年 -1996 年 8 月这个
时期的茅台酒被称为"铁盖茅台"。

'FIVE-STAR' KWEICHOW MOUTAI MADE IN 1990

6 bottles

RMB: 108,000—120,000

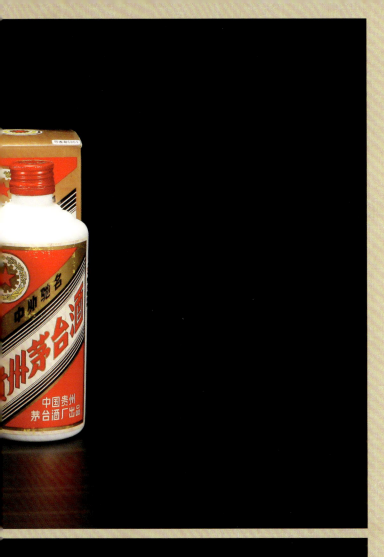

4620　1989 年五星牌贵州茅台酒（铁盖）

数量：6 瓶

度数：53%vol

容量：500ml

重量：982 克；1002 克；943 克；1010 克；978 克；967 克

生产日期：1989 年 4 月 17 日；1989 年 12 月 23 日；1989 年 2 月 24 日；
　　　　1989 年 12 月 8 日；1989 年 5 月 8 日；1989 年 12 月 23 日

产地：贵州省仁怀市茅台镇

说明：茅台酒属酱香型大曲酒，风格完美。其酒质晶亮透明，微有黄色；
　　　酒液酱香突出，令人陶醉。敞杯香气扑鼻，畅饮满口生香，空杯留
　　　香不散，具有口味幽雅细腻，酒体丰满醇厚，口味悠长醇馥，香气
　　　幽郁不绝的特点，由酱香、窖底香、醇甜三大特殊风味融合而成，
　　　现已知香气组成成分多达 300 余种。1986 年开始使用金属盖封口，
　　　为了更加美观，1988 年陆续在封口上增加了红色飘带和红色封膜，
　　　1987 年 -1996 年 8 月这个时期的茅台酒被称为"铁盖茅台"。

'FIVE-STAR' KWEICHOW MOUTAI MADE IN 1989

6 bottles

RMB: 120,000—150,000

4621　1988 年五星牌贵州茅台酒（铁盖）

数量：6 瓶

度数：53%vol

容量：500ml

重量：927 克；916 克；970 克；976 克；975 克；975 克

生产日期：1988 年 12 月 26 日；1988 年 4 月 18 日；1988 年 2 月 2 日；
　　　　1988 年 6 月 1 日；1988 年 6 月 2 日；1988 年 5 月 28 日

产地：贵州省仁怀市茅台镇

说明：茅台酒属酱香型大曲酒，风格完美。其酒质晶亮透明，微有黄色；
　　　酒液酱香突出，令人陶醉。敞杯香气扑鼻，畅饮满口生香，空杯留
　　　香不散，具有口味幽雅细腻，酒体丰满醇厚，口味悠长醇馥，香气
　　　幽郁不绝的特点，由酱香、窖底香、醇甜三大特殊风味融合而成，
　　　现已知香气组成成分多达 300 余种。1986 年开始使用金属盖封口，
　　　为了更加美观，1988 年陆续在封口上增加了红色飘带和红色封膜，
　　　1987 年 -1996 年 8 月这个时期的茅台酒被称为"铁盖茅台"。

'FIVE-STAR' KWEICHOW MOUTAI MADE IN 1988

6 bottles

RMB: 120,000—150,000

4622　1987 年五星牌贵州茅台酒（铁盖）

数量：6 瓶

度数：53%vol

容量：500ml

重量：983 克；939 克；979 克；958 克；987 克；960 克

生产日期：1987 年

产地：贵州省仁怀市茅台镇

说明：茅台酒属酱香型大曲酒，风格完美。其酒质晶亮透明，微有黄色；酒液酱香突出，令人陶醉。敞杯香气扑鼻，畅饮满口生香，空杯留香不散，具有口味幽雅细腻，酒体丰满醇厚，口味悠长醇馥，香气幽郁不绝的特点，由酱香、窖底香、醇甜三大特殊风味融合而成，现已知香气组成成分多达 300 余种。1986 年开始使用金属盖封口，为了更加美观，1988 年陆续在封口上增加了红色飘带和红色封膜，1987 年 -1996 年 8 月这个时期的茅台酒被称为"铁盖茅台"。

'FIVE-STAR' KWEICHOW MOUTAI MADE IN 1987

6 bottles

RMB: 130,000—150,000

4623　1988 年飞天牌贵州茅台酒（原箱）

数量：12 瓶

度数：53%vol

容量：200ml

重量：约 438 克

生产日期：1988 年 4 月 11 日

产地：贵州省仁怀市茅台镇

说明：茅台酒属酱香型大曲酒，风格完美。其酒质晶亮透明，微有黄色；酒液酱香突出，令人陶醉。敞杯香气扑鼻，畅饮满口生香，空杯留香不散，具有口味幽雅细腻，酒体丰满醇厚，口味悠长醇馥，香气幽郁不绝的特点，由酱香、窖底香、醇甜三大特殊风味融合而成，现已知香气组成成分多达 300 余种。

'APSARAS' KWEICHOW MOUTAI MADE IN 1988 (ORIGINAL CARTON)

12 bottles

RMB: 140,000—200,000

4624   1987 年五星牌贵州茅台酒（铁盖原箱）

数量：12 瓶
度数：53%vol
容量：500ml
重量：约 960 克
生产日期：1987 年 5 月 15 日
产地：贵州省仁怀市茅台镇
说明：茅台酒属酱香型大曲酒，风格完美。其酒质晶亮透明，微有黄色；酒液酱香突出，令人陶醉。敞杯香气扑鼻，畅饮满口生香，空杯留香不散，具有口味幽雅细腻，酒体丰满醇厚，口味悠长醇馥，香气幽郁不绝的特点，由酱香、窖底香、醇甜三大特殊风味融合而成，现已知香气组成成分多达 300 余种。1986 年开始使用金属盖封口，为了更加美观，1988 年陆续在封口上增加了红色飘带和红色封膜，1987 年 -1996 年 8 月这个时期的茅台酒被称为“铁盖茅台”。

'FIVE-STAR' KWEICHOW MOUTAI MADE IN 1987 (ORIGINAL CARTON)
12 bottles
RMB: 250,000—300,000

4625　1986 年五星牌贵州茅台酒（酱瓶 / 白瓶）

数量：5 瓶
度数：约 54%vol
容量：540ml
重量：964 克；954 克；1013 克；1031 克；989 克
生产日期：1986 年 4 月 12 日；1986 年 4 月 12 日；1986 年 4 月 21 日；1986 年 4 月 21 日；1986 年 4 月 16 日
产地：贵州省仁怀市茅台镇
说明：茅台酒属酱香型大曲酒，风格完美。其酒质晶亮透明，微有黄色；酒液酱香突出，令人陶醉。散杯香气扑
　　　鼻，畅饮满口生香，空杯留香不散，具有口味幽雅细腻，酒体丰满醇厚，口味悠长醇馥，香气幽郁不绝的
　　　特点，由酱香、窖底香、醇甜三大特殊风味融合而成，现已知香气组成成分多达 300 余种。五星牌酱釉瓶
　　　茅台为 1983 年之后人民大会堂和钓鱼台国宾馆的特供酒，属于高级别的非卖品，存世较少。

'FIVE-STAR' KWEICHOW MOUTAI MADE IN 1986

5 bottles
RMB: 150,000—200,000

4626 1985–1986 年五星牌贵州茅台酒（特供黑酱）

数量：6 瓶

度数：约 54%vol

容量：540ml

重量：968 克；993 克；972 克；976 克；964 克；1020 克

生产日期：1985-1986 年

产地：贵州省仁怀市茅台镇

说明：茅台酒属酱香型大曲酒，风格完美。其酒质晶亮透明，微有黄色；酒液酱香突出，令人陶醉。敞杯香气扑鼻，畅饮满口生香，空杯留香不散，具有口味幽雅细腻，酒体丰满醇厚，口味悠长醇馥，香气幽郁不绝的特点，由酱香、窖底香、醇甜三大特殊风味融合而成，现已知香气组成成分多达 300 余种。五星牌酱釉瓶茅台酒为 1983 年之后人民大会堂和钓鱼台国宾馆的特供酒，属于高级别的非卖品，存世较少。

'FIVE-STAR' KWEICHOW MOUTAI MADE BETWEEN 1985 AND 1986 (BROWN BOTTLE)

6 bottles

RMB: 250,000—300,000

4627   1983–1986 年五星牌贵州茅台酒（全棉纸地方国营）

数量：6 瓶
度数：约 54%vol
容量：540ml
重量：1086 克；1019 克；1020 克；1086 克；1063 克；1061 克
生产日期：1983-1986 年
产地：贵州省仁怀市茅台镇
说明：茅台酒属酱香型大曲酒，风格完美。其酒质晶亮透明，微有黄色；酒液酱香突出，令人陶醉。敞杯香气扑鼻，畅饮满口生香，空杯留香不散，具有口味幽雅细腻，酒体丰满醇厚，口味悠长醇馥，香气幽郁不绝的特点，由酱香、窖底香、醇甜三大特殊风味融合而成，现已知香气组成成分多达 300 余种。"地方国营"茅台酒酒瓶正面右下角有"地方国营茅台酒厂出品"的字样。此标记从 1953 年使用至 1986 年。

'FIVE-STAR' KWEICHOW MOUTAI MADE BETWEEN 1983 AND 1986

6 bottles
RMB: 160,000—200,000

4628   1983–1986 年五星牌贵州茅台酒（地方国营）

数量：6 瓶
度数：约 54%
容量：540ml
重量：约 1020 克
产地：贵州省仁怀市茅台镇
说明：茅台酒属酱香型大曲酒，风格完美。其酒质晶亮透明，微有黄色；酒液酱香突出，令人陶醉。敞杯香气扑鼻，畅饮满口生香，空杯留香不散，具有口味幽雅细腻，酒体丰满醇厚，口味悠长醇馥，香气幽郁不绝的特点，由酱香、窖底香、醇甜三大特殊风味融合而成，现已知香气组成成分多达 300 余种。"地方国营"茅台酒酒瓶正面右下角有"地方国营茅台酒厂出品"的字样。此标记从 1953 年使用至 1986 年。

'FIVE-STAR' KWEICHOW MOUTAI MADE BETWEEN 1983 AND 1986

6 bottles
RMB: 145,000—160,000

4629　1983–1986 年五星牌贵州茅台酒（全棉纸地方国营）

数量：12 瓶

度数：约 54%vol

容量：540ml

重量：1043 克；1034 克；1077 克；1119 克；1050 克；1032 克；989 克；
1044 克；1077 克；1066 克；1040 克；1039 克

生产日期：1983-1986 年

产地：贵州省仁怀市茅台镇

说明：茅台酒属酱香型大曲酒，风格完美。其酒质晶亮透明，微有黄色；
酒液酱香突出，令人陶醉。敞杯香气扑鼻，畅饮满口生香，空杯留
香不散，具有口味幽雅细腻，酒体丰满醇厚，口味悠长醇馥，香气
幽郁不绝的特点，由酱香、窖底香、醇甜三大特殊风味融合而成，
现已知香气组成成分多达 300 余种。"地方国营"茅台酒酒瓶正面
右下角有"地方国营茅台酒厂出品"的字样。此标记从 1953 年使
用至 1986 年。

**'FIVE-STAR' KWEICHOW MOUTAI MADE BETWEEN 1983
AND 1986**

12 bottles

RMB: 340,000—400,000

4630　1986 年五星牌贵州茅台酒（地方国营）

数量：6 瓶

度数：约 54%vol

容量：540ml

重量：1074 克；1048 克；1018 克；1082 克；1011 克；1062 克

生产日期：1986 年

产地：贵州省仁怀市茅台镇

说明：茅台酒属酱香型大曲酒，风格完美。其酒质晶亮透明，微有黄色；酒液酱香突出，令人陶醉。敞杯香气扑鼻，
　　　畅饮满口生香，空杯留香不散，具有口味幽雅细腻，酒体丰满醇厚，口味悠长醇馥，香气幽郁不绝的特点，
　　　由酱香、窖底香、醇甜三大特殊风味融合而成，现已知香气组成成分多达 300 余种。"地方国营"茅台酒
　　　酒瓶正面右下角有"地方国营茅台酒厂出品"的字样。此标记从 1953 年使用至 1986 年。

'FIVE-STAR' KWEICHOW MOUTAI MADE IN 1986

6 bottles

RMB: 145,000—160,000

4631 1985 年五星牌贵州茅台酒（地方国营）

数量：6 瓶

度数：约 54%vol

容量：540ml

重量：1059 克；1070 克；1039 克；1049 克；1065 克；954 克

生产日期：1985 年 1 月 19 日；1985 年；1985 年 1 月 7 日；1985 年 1 月 9 日；1985 年 3 月 16 日；1985 年

产地：贵州省仁怀市茅台镇

说明：茅台酒属酱香型大曲酒，风格完美。其酒质晶亮透明，微有黄色；酒液酱香突出，令人陶醉。敞杯香气扑鼻，畅饮满口生香，空杯留香不散，具有口味幽雅细腻，酒体丰满醇厚，口味悠长醇馥，香气幽郁不绝的特点，由酱香、窖底香、醇甜三大特殊风味融合而成，现已知香气组成成分多达 300 余种。"地方国营"茅台酒酒瓶正面右下角有"地方国营茅台酒厂出品"的字样。此标记从 1953 年使用至 1986 年。

'FIVE-STAR' KWEICHOW MOUTAI MADE IN 1985

6 bottles

RMB: 145,000—160,000

4632　1984 年五星牌贵州茅台酒（地方国营）

数量：6 瓶

度数：约 54%vol

容量：540ml

重量：1030 克；1020 克；1081 克；1085 克；1056 克；1036 克

生产日期：1984 年 10 月 11 日；1984 年 1 月 3 日；1984 年 10 月 1 日；1984 年；1984 年；1984 年 6 月 19 日

产地：贵州省仁怀市茅台镇

说明：茅台酒属酱香型大曲酒，风格完美。其酒质晶亮透明，微有黄色；酒液酱香突出，令人陶醉。敞杯香气扑鼻，畅饮满口生香，空杯留香不散，具有口味幽雅细腻，酒体丰满醇厚，口味悠长醇馥，香气幽郁不绝的特点，由酱香、窖底香、醇甜三大特殊风味融合而成，现已知香气组成成分多达 300 余种。"地方国营"茅台酒酒瓶正面右下角有"地方国营茅台酒厂出品"的字样。此标记从 1953 年使用至 1986 年。

'FIVE-STAR' KWEICHOW MOUTAI MADE IN 1984

6 bottles

RMB: 145,000—160,000

4633　1983 年五星牌贵州茅台酒（地方国营）

数量：6 瓶

度数：约 54%vol

容量：540ml

重量：1020 克；1031 克；1056 克；1033 克；1089 克；1054 克

生产日期：1983 年 5 月 9 日；1983 年；1983 年 1 月 7 日；1983 年 4 月 19 日；1983 年；1983 年 5 月

产地：贵州省仁怀市茅台镇

说明：茅台酒属酱香型大曲酒，风格完美。其酒质晶亮透明，微有黄色；酒液酱香突出，令人陶醉。敞杯香气扑鼻，
畅饮满口生香，空杯留香不散，具有口味幽雅细腻，酒体丰满醇厚，口味悠长醇香，香气幽郁不绝的特点，
由酱香、窖底香、醇甜三大特殊风味融合而成，现已知香气组成成分多达 300 余种。"地方国营"茅台酒
酒瓶正面右下角有"地方国营茅台酒厂出品"的字样。此标记从 1953 年使用至 1986 年。

'FIVE-STAR' KWEICHOW MOUTAI MADE IN 1983

6 bottles

RMB: 145,000—160,000

4634   1983–1986 年五星牌贵州茅台酒（地方国营）

数量：30 瓶

度数：约 54%vol

容量：540ml

重量：1065 克；1066 克；1073 克；1036 克；1055 克；1097 克；1033 克；1067 克；1039 克；1076 克；1095 克；
　　　1072 克；1085 克；1092 克；1067 克；1054 克；1051 克；1089 克；1031 克；1100 克；1039 克；1121 克；
　　　1068 克；1063 克；1070 克；1097 克；1097 克；1076 克；1067 克；1050 克

生产日期：1983-1986 年

产地：贵州省仁怀市茅台镇

说明：茅台酒属酱香型大曲酒，风格完美。其酒质晶亮透明，微有黄色；酒液酱香突出，令人陶醉。敞杯香气扑鼻，
　　　畅饮满口生香，空杯留香不散，具有口味幽雅细腻，酒体丰满醇厚，口味悠长醇馥，香气幽郁不绝的特点，
　　　由酱香、窖底香、醇甜三大特殊风味融合而成，现已知香气组成成分多达 300 余种。"地方国营"茅台酒
　　　酒瓶正面右下角有"地方国营茅台酒厂出品"的字样。此标记从 1953 年使用至 1986 年。

'FIVE-STAR' KWEICHOW MOUTAI MADE BETWEEN 1983 AND 1986

30 bottles

RMB: 700,000—800,000

4635　1980–1982 年五星牌贵州茅台酒（三大革命）

数量：6 瓶
度数：约 54%vol
容量：540ml
重量：约 980 克
生产日期：1980-1982 年
产地：贵州省仁怀市茅台镇
说明：茅台酒属酱香型大曲酒，风格完美。其酒质晶亮透明，微有黄色；酒液酱香突出，令人陶醉。敞杯香气扑鼻，畅饮满口生香，空杯留香不散，具有口味幽雅细腻，酒体丰满醇厚，口味悠长醇馥，香气幽郁不绝的特点，由酱香、窖底香、醇甜三大特殊风味融合而成，现已知香气组成成分多达 300 余种。"三大革命"茅台酒瓶身背标文字有"解放后在中国共产党的领导下，开展三大革命运动，不断地总结传统经验"等字样，具有明显的时代气息。

'FIVE-STAR' KWEICHOW MOUTAI MADE BETWEEN 1980 AND 1982
6 bottles
RMB: 150,000—180,000

4636　1981–1982 年五星牌贵州茅台酒（三大革命）

数量：6 瓶

度数：53%vol

容量：540ml

重量：1064 克；1029 克；1038 克；1003 克；1001 克；965 克

生产日期：1981-1982 年

产地：贵州省仁怀市茅台镇

说明：茅台酒属酱香型大曲酒，风格完美。其酒质晶亮透明，微有黄色；酒液酱香突出，令人陶醉。敞杯香气扑鼻，畅饮满口生香，空杯留香不散，具有口味幽雅细腻，酒体丰满醇厚，口味悠长醇馥，香气幽郁不绝的特点，由酱香、窖底香、醇甜三大特殊风味融合而成，现已知香气组成成分多达 300 余种。"三大革命"茅台酒瓶身背标文字有"解放后在中国共产党的领导下，开展三大革命运动，不断地总结传统经验"等字样，具有明显的时代气息。

'FIVE-STAR' KWEICHOW MOUTAI MADE BETWEEN 1981 AND 1982

6 bottles

RMB: 170,000—200,000

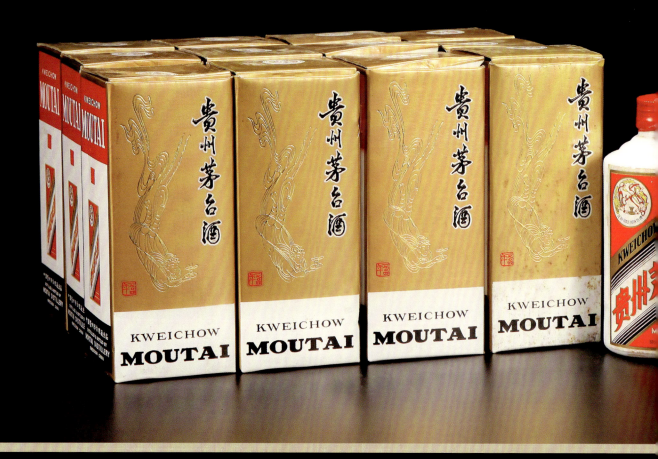

4637　1990–1994 年飞天牌贵州茅台酒（铁盖）

数量：12 瓶

度数：53%vol

容量：200ml

重量：440 克；420 克；451 克；439 克；433 克；437 克；453 克；424 克；
　　　427 克；427 克；447 克；437 克

生产日期：1992 年 10 月 27 日；1992 年 1 月 21 日；1992 年 5 月 5 日；
　　　　　1992 年 6 月 4 日；1992 年 1 月 22 日；1992 年 10 月 27 日；
　　　　　1992 年 10 月 27 日；1994 年 3 月 1 日；1993 年 5 月 26 日；
　　　　　1992 年 1 月 21 日；1992 年 4 月 27 日；1990 年

产地：贵州省仁怀市茅台镇

说明：茅台酒属酱香型大曲酒，风格完美。其酒质晶亮透明，微有黄色；
　　　酒液酱香突出，令人陶醉。散杯香气扑鼻，畅饮满口生香，空杯留
　　　香不散，具有口味幽雅细腻，酒体丰满醇厚，口味悠长醇馥，香气
　　　幽郁不绝的特点，由酱香、窖底香、醇甜三大特殊风味融合而成，
　　　现已知香气组成成分多达 300 余种。1986 年开始使用金属盖封口，
　　　为了更加美观，1988 年陆续在封口上增加了红色飘带和红色封膜，
　　　1987 年 -1996 年 8 月这个时期的茅台酒被称为"铁盖茅台"。

**'APSARAS' KWEICHOW MOUTAI MADE BETWEEN 1990
AND 1994**

12 bottles

RMB: 80,000—100,000

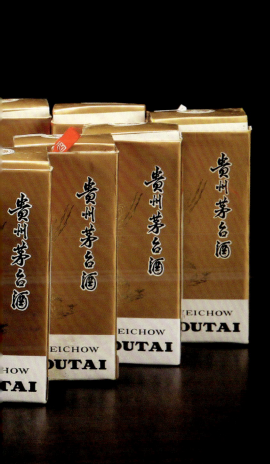

4638　1990–1992 年飞天牌贵州茅台酒（铁盖）

数量：20 瓶

度数：53%vol

容量：200ml

重量：约 431 克

生产日期：1990-1992 年

产地：贵州省仁怀市茅台镇

说明：茅台酒属酱香型大曲酒，风格完美。其酒质晶亮透明，微有黄色；
　　　酒液酱香突出，令人陶醉。散杯香气扑鼻，畅饮满口生香，空杯留
　　　香不散，具有口味幽雅细腻，酒体丰满醇厚，口味悠长醇馥，香气
　　　幽郁不绝的特点，由酱香、窖底香、醇甜三大特殊风味融合而成，
　　　现已知香气组成成分多达 300 余种。珍品茅台是 1986 年后出品的
　　　高档茅台，采用窖存多年的陈酒精心勾兑而成，为年份酒推出前的
　　　特殊优质酒，质量高于同时期的普通茅台，有木盒和纸盒两种包装。

**'APSARAS' KWEICHOW MOUTAI MADE BETWEEN 1990
AND 1992**

20 bottles

RMB: 110,000—200,000

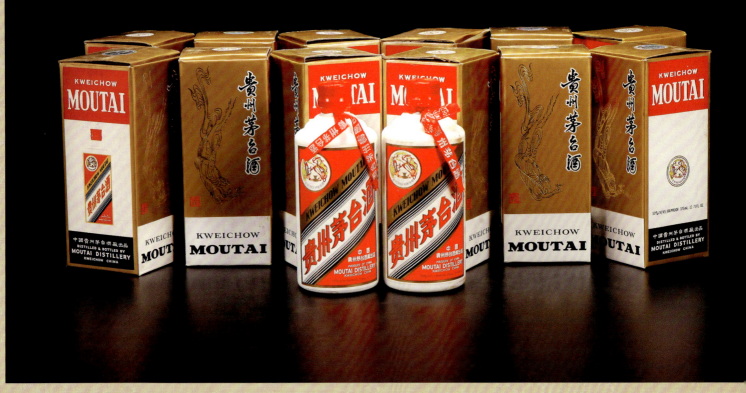

4639　1990–1994 年飞天牌贵州茅台酒（铁盖）

数量：12 瓶

度数：53%vol

容量：375ml

重量：711 克；706 克；704 克；757 克；728 克；719 克；784 克；785 克；739 克；744 克；761 克；741 克

生产日期：1990-1994 年

产地：贵州省仁怀市茅台镇

说明：茅台酒属酱香型大曲酒，风格完美。其酒质晶亮透明，微有黄色；酒液酱香突出，令人陶醉。敞杯香气扑鼻，畅饮满口生香，空杯留香不散，具有口味幽雅细腻，酒体丰满醇厚，口味悠长醇馥，香气幽郁不绝的特点，由酱香、窖底香、醇甜三大特殊风味融合而成，现已知香气组成成分多达 300 余种。1986 年开始使用金属盖封口，为了更加美观，1988 年陆续在封口上增加了红色飘带和红色封膜，1987 年 -1996 年 8 月这个时期的茅台酒被称为"铁盖茅台"。

' APSARAS' KWEICHOW MOUTAI MADE BETWEEN 1990 AND 1994

12 bottles

RMB: 140,000—160,000

4640　1992–1994 年飞天牌贵州茅台酒（铁盖）

数量：12 瓶

度数：53%vol

容量：500ml

重量：947 克；983 克；936 克；979 克；954 克；959 克；944 克；961 克；977 克；944 克；936 克；994 克

生产日期：1992-1994 年

产地：贵州省仁怀市茅台镇

说明：茅台酒属酱香型大曲酒，风格完美。其酒质晶亮透明，微有黄色；酒液酱香突出，令人陶醉。散杯香气扑鼻，畅饮满口生香，空杯留香不散，具有口味幽雅细腻，酒体丰满醇厚，口味悠长醇馥，香气幽郁不绝的特点，由酱香、窖底香、醇甜三大特殊风味融合而成，现已知香气组成成分多达 300 余种。1986 年开始使用金属盖封口，为了更加美观，1988 年陆续在封口上增加了红色飘带和红色封膜，1987 年 -1996 年 8 月这个时期的茅台酒被称为"铁盖茅台"。

'APSARAS' KWEICHOW MOUTAI MADE BETWEEN 1992 AND 1994

12 bottles

RMB: 160,000—200,000

4641   1992–1994 年飞天牌贵州茅台酒（铁盖）

数量：10 瓶

度数：53%vol

容量：500ml

重量：956 克；949 克；980 克；979 克；968 克；965 克；966 克；959 克；960 克；978 克；967 克；988 克

生产日期：1992-1994 年

产地：贵州省仁怀市茅台镇

说明：茅台酒属酱香型大曲酒，风格完美。其酒质晶亮透明，微有黄色；酒液酱香突出，令人陶醉。敞杯香气扑鼻，
畅饮满口生香，空杯留香不散，具有口味幽雅细腻，酒体丰满醇厚，口味悠长醇馥，香气幽郁不绝的特点，
由酱香、窖底香、醇甜三大特殊风味融合而成，现已知香气组成成分多达 300 余种。1986 年开始使用金
属盖封口，为了更加美观，1988 年陆续在封口上增加了红色飘带和红色封膜，1987 年 -1996 年 8 月这个
时期的茅台酒被称为"铁盖茅台"。

'APSARAS' KWEICHOW MOUTAI MADE BETWEEN 1992 AND 1994

10 bottles

RMB: 140,000—160,000

4642   1992–1994 年飞天牌贵州茅台酒（铁盖）

数量：12 瓶

度数：53%vol

容量：500ml

重量：959 克；920 克；907 克；990 克；916 克；1009 克；978 克；918 克；952 克；948 克；964 克；959 克

生产日期：1992-1994 年

产地：贵州省仁怀市茅台镇

说明：茅台酒属酱香型大曲酒，风格完美。其酒质晶亮透明，微有黄色；酒液酱香突出，令人陶醉。散杯香气扑鼻，畅饮满口生香，空杯留香不散，具有口味幽雅细腻，酒体丰满醇厚，口味悠长醇馥，香气幽郁不绝的特点，由酱香、窖底香、醇甜三大特殊风味融合而成，现已知香气组成成分多达 300 余种。1986 年开始使用金属盖封口，为了更加美观，1988 年陆续在封口上增加了红色飘带和红色封膜，1987 年 -1996 年 8 月这个时期的茅台酒被称为"铁盖茅台"。

'APSARAS' KWEICHOW MOUTAI MADE BETWEEN 1992 AND 1994

12 bottles

RMB: 160,000—200,000

4643 1990–1994 年飞天牌贵州茅台酒

数量：30 瓶

度数：53%vol

容量：375ml

重量：730 克；781 克；782 克；792 克；766 克；768 克；720 克；
766 克；748 克；773 克；761 克；765 克；725 克；757 克；
766 克；788 克；748 克；801 克；789 克；749 克；735 克；
739 克；730 克；726 克；790 克；761 克；756 克；768 克；
727 克；741 克

生产日期：1990-1994 年

产地：贵州省仁怀市茅台镇

说明：茅台酒属酱香型大曲酒，风格完美。其酒质晶亮透明，微有
黄色；酒液酱香突出，令人陶醉。敞杯香气扑鼻，畅饮满口
生香，空杯留香不散，具有口味幽雅细腻，酒体丰满醇厚，
口味悠长醇馥，香气幽郁不绝的特点，由酱香、窖底香、醇
甜三大特殊风味融合而成，现已知香气组成成分多达 300 余
种。1986 年开始使用金属盖封口，为了更加美观，1988 年
陆续在封口上增加了红色飘带和红色封膜，1987 年 -1996 年
8 月这个时期的茅台酒被称为"铁盖茅台"。

**'APSARAS' KWEICHOW MOUTAI MADE BETWEEN
1990 AND 1994**

30 bottles

RMB: 350,000—400,000

4644　1991-1994 年飞天牌贵州茅台酒

数量：30 瓶
度数：53%vol
容量：375ml
重量：约 732 克
生产日期：1991-1994 年
产地：贵州省仁怀市茅台镇

说明：茅台酒属酱香型大曲酒，风格完美。其酒质晶亮透明，微有黄色；酒液酱香突出，令人陶醉。敞杯香气扑鼻，畅饮满口生香，空杯留香不散，具有口味幽雅细腻，酒体丰满醇厚，口味悠长醇馥，香气幽郁不绝的特点，由酱香、窖底香、醇甜三大特殊风味融合而成，现已知香气组成成分多达 300 余种。珍品茅台是 1986 年后出品的高档茅台，采用窖存多年的陈酒精心勾兑而成，为年份酒推出前的特殊优质酒，质量高于同时期的普通茅台，有木盒和纸盒两种包装。

**'APSARAS' KWEICHOW MOUTAI MADE BETWEEN
1991 AND 1994**

30 bottles
RMB: 350,000—400,000

4645　1981–1985 年飞天牌贵州茅台酒

数量：6 瓶

度数：53%vol

容量：270ml

重量：679 克；600 克；631 克；591 克；585 克；590 克

生产日期：1981-1985 年

产地：贵州省仁怀市茅台镇

说明：茅台酒属酱香型大曲酒，风格完美。其酒质晶亮透明，微有黄色；酒液酱香突出，令人陶醉。敞杯香气扑鼻，畅饮满口生香，空杯留香不散，具有口味幽雅细腻，酒体丰满醇厚，口味悠长醇馥，香气幽郁不绝的特点，由酱香、窖底香、醇甜三大特殊风味融合而成，现已知香气组成成分多达 300 余种。1986 年开始使用金属盖封口，为了更加美观，1988 年陆续在封口上增加了红色飘带和红色封膜，1987 年 -1996 年 8 月这个时期的茅台酒被称为 "铁盖茅台"。

'APSARAS' KWEICHOW MOUTAI MADE BETWEEN 1981 AND 1985

6 bottles

RMB: 130,000—160,000

4646 1980–1986 年五星牌、飞天牌贵州茅台酒

数量：12 瓶

度数：53%vol

容量：270ml

重量：619 克；616 克；633 克；657 克；662 克；640 克；618 克；646 克；591 克；645 克；641 克；623 克

生产日期：1980-1986 年

产地：贵州省仁怀市茅台镇

说明：茅台酒属酱香型大曲酒，风格完美。其酒质晶亮透明，微有黄色；酒液酱香突出，令人陶醉。散杯香气扑鼻，畅饮满口生香，空杯留香不散，具有口味幽雅细腻，酒体丰满醇厚，口味悠长醇馥，香气幽郁不绝的特点，由酱香、窖底香、醇甜三大特殊风味融合而成，现已知香气组成成分多达 300 余种。1986 年开始使用金属盖封口，为了更加美观，1988 年陆续在封口上增加了红色飘带和红色封膜，1987 年 -1996 年 8 月这个时期的茅台酒被称为"铁盖茅台"。

'FIVE-STAR' AND 'APSARAS' KWEICHOW MOUTAI MADE BETWEEN 1980 AND 1986

12 bottles

RMB: 150,000—200,000

4647 1986–1989 年飞天牌贵州茅台酒（铁盖）

数量：6 瓶
度数：53%vol
容量：500ml
重量：914 克；974 克；961 克；926 克；984 克；966 克
生产日期：1986-1989 年
产地：贵州省仁怀市茅台镇
说明：茅台酒属酱香型大曲酒，风格完美。其酒质晶亮透明，微有黄色；酒液酱香突出，令人陶醉。敞杯香气扑鼻，
畅饮满口生香，空杯留香不散，具有口味幽雅细腻，酒体丰满醇厚，口味悠长醇馥，香气幽郁不绝的特点，
由酱香、窖底香、醇甜三大特殊风味融合而成，现已知香气组成成分多达 300 余种。1986 年开始使用金
属盖封口，为了更加美观，1988 年陆续在封口上增加了红色飘带和红色封膜，1987 年 -1996 年 8 月这个
时期的茅台酒被称为"铁盖茅台"。

'APSARAS' KWEICHOW MOUTAI MADE BETWEEN 1986 AND 1989

6 bottles
RMB: 120,000—150,000

4648　1985 年飞天牌贵州茅台酒

数量：6 瓶

度数：约 54%vol

容量：500ml

重量：917 克；971 克；937 克；892 克；941 克；933 克

生产日期：1985 年

产地：贵州省仁怀市茅台镇

说明：茅台酒属酱香型大曲酒，风格完美。其酒质晶亮透明，微有黄色；酒液酱香突出，令人陶醉。敞杯香气扑鼻，畅饮满口生香，空杯留香不散，具有口味幽雅细腻，洒体丰满醇厚，口味悠长醇馥，香气幽郁不绝的特点，由酱香、窖底香、醇甜三大特殊风味融合而成，现已知香气组成成分多达 300 余种。1986 年开始使用金属盖封口，为了更加美观，1988 年陆续在封口上增加了红色飘带和红色封膜，1987 年 -1996 年 8 月这个时期的茅台酒被称为"铁盖茅台"。

'APSARAS' KWEICHOW MOUTAI MADE IN 1985

6 bottles

RMB: 140,000—160,000

4649　1983–1985 年飞天牌贵州茅台酒（大飞天）

数量：6 瓶

度数：约 54%vol

容量：540ml

重量：1057 克；1026 克；1082 克；1006 克；1043 克；995 克

生产日期：1983-1985 年

产地：贵州省仁怀市茅台镇

说明：茅台酒属酱香型大曲酒，风格完美。其酒质晶亮透明，微有黄色；酒液酱香突出，令人陶醉。敞杯香气扑鼻，畅饮满口生香，空杯留香不散，具有口味幽雅细腻，酒体丰满醇厚，口味悠长醇馥，香气幽郁不绝的特点，由酱香、窖底香、醇甜三大特殊风味融合而成，现已知香气组成成分多达 300 余种。"大飞天"茅台酒是外销专用酒。"飞天牌"茅台酒的商标取自敦煌壁画的飞天图案，1974-1985 年的飞天牌茅台酒使用容量为 540ml 的酒瓶，用于外销的飞天牌茅台酒是加入陈年老酒精心调制的。

'APSARAS' KWEICHOW MOUTAI MADE BETWEEN 1983 AND 1985

6 bottles

RMB: 140,000—160,000

4650　1983–1984 年飞天牌贵州茅台酒（大飞天）

数量：12 瓶

度数：约 54%vol

容量：540ml

重量：1035 克；1064 克；1039 克；1079 克；1016 克；1012 克；1071 克；1048 克；1098 克；1068 克；1050 克；1002 克

生产日期：1983-1984 年

产地：贵州省仁怀市茅台镇

说明：茅台酒属酱香型大曲酒，风格完美。其酒质晶亮透明，微有黄色；酒液酱香突出，令人陶醉。敞杯香气扑鼻，畅饮满口生香，空杯留香不散，具有口味幽雅细腻，酒体丰满醇厚，口味悠长醇馥，香气幽郁不绝的特点，由酱香、窖底香、醇甜三大特殊风味融合而成，现已知香气组成成分多达 300 余种。"大飞天"茅台酒是外销专用酒。"飞天牌"茅台酒的商标取自敦煌壁画的飞天图案，1974-1985 年的飞天牌茅台酒使用容量为 540ml 的酒瓶，用于外销的飞天牌茅台酒是加入陈年老酒精心调制的。

'APSARAS' KWEICHOW MOUTAI MADE BETWEEN 1983 AND 1984

12 bottles

RMB: 290,000—320,000

4651　1999–2000 年飞天牌贵州茅台酒（珍品）

数量：12 瓶

度数：53%vol

容量：500ml

重量：908 克；915 克；928 克；948 克；952 克；938 克；850 克；980 克；941 克；966 克；959 克；966 克

生产日期：1999-2000 年

产地：贵州省仁怀市茅台镇

说明：茅台酒属酱香型大曲酒，风格完美。其酒质晶亮透明，微有黄色；酒液酱香突出，令人陶醉。敞杯香气扑鼻，畅饮满口生香，空杯留香不散，具有口味幽雅细腻，酒体丰满醇厚，口味悠长醇馥，香气幽郁不绝的特点，由酱香、窖底香、醇甜三大特殊风味融合而成，现已知香气组成成分多达 300 余种。珍品茅台是 1986 年后出品的高档茅台，采用窖存多年的陈酒精心勾兑而成，为年份酒推出前的特殊优质酒，质量高于同时期的普通茅台，有木盒和纸盒两种包装。

FINE 'APSARAS' KWEICHOW MOUTAI MADE BETWEEN 1999 AND 2000

12 bottles

RMB: 98,000—120,000

4652 1997–1999 年飞天牌贵州茅台酒（珍品）

数量：12 瓶

度数：53%vol

容量：500ml

重量：938 克；974 克；984 克；989 克；941 克；956 克；953 克；960 克；971 克；985 克；984 克；972 克

生产日期：1997-1999 年

产地：贵州省仁怀市茅台镇

说明：茅台酒属酱香型大曲酒，风格完美。其酒质晶亮透明，微有黄色；酒液酱香突出，令人陶醉。敞杯香气扑鼻，畅饮满口生香，空杯留香不散，具有口味幽雅细腻，酒体丰满醇厚，口味悠长醇馥，香气幽郁不绝的特点，由酱香、窖底香、醇甜三大特殊风味融合而成，现已知香气组成成分多达 300 余种。珍品茅台是 1986 年后出品的高档茅台，采用窖存多年的陈酒精心勾兑而成，为年份酒推出前的特殊优质酒，质量高于同时期的普通茅台，有木盒和纸盒两种包装。

FINE 'APSARAS' KWEICHOW MOUTAI MADE BETWEEN 1997 AND 1999

12 bottles

RMB: 100,000—150,000

4653　1991–1996 年飞天牌贵州茅台酒（铁盖珍品）

数量：6 瓶

度数：53%vol

容量：500ml

重量：948 克；1020 克；980 克；980 克；930 克；1000 克；945 克；977 克；982 克；988 克；934 克；1004 克

生产日期：1991-1996 年

产地：贵州省仁怀市茅台镇

说明：茅台酒属酱香型大曲酒，风格完美。其酒质晶亮透明，微有黄色；酒液酱香突出，令人陶醉。敞杯香气扑鼻，
畅饮满口生香，空杯留香不散，具有口味幽雅细腻，酒体丰满醇厚，口味悠长醇馥，香气幽郁不绝的特点，
由酱香、窖底香、醇甜三大特殊风味融合而成，现已知香气组成成分多达 300 余种。珍品茅台是 1986 年
后出品的高档茅台，采用窖存多年的陈酒精心勾兑而成，为年份酒推出前的特殊优质酒，质量高于同时期
的普通茅台，有木盒和纸盒两种包装。

FINE 'APSARAS' KWEICHOW MOUTAI MADE BETWEEN 1991 AND 1996

6 bottles

RMB: 90,000—120,000

4654　1990-1994 年飞天牌贵州茅台酒（铁盖珍品）

数量：12 瓶
度数：53%vol
容量：200ml
重量：约 450 克
生产日期：1990-1994 年
产地：贵州省仁怀市茅台镇
说明：茅台酒属酱香型大曲酒，风格完美。其酒质晶亮透明，微有黄色；酒液酱香突出，令人陶醉。敞杯香气扑鼻，畅饮满口生香，空杯留香不散，具有口味幽雅细腻，酒体丰满醇厚，口味悠长醇馥，香气幽郁不绝的特点，由酱香、窖底香、醇甜三大特殊风味融合而成，现已知香气组成成分多达 300 余种。珍品茅台是 1986 年后出品的高档茅台，采用窖存多年的陈酒精心勾兑而成，为年份酒推出前的特殊优质酒，质量高于同时期的普通茅台，有木盒和纸盒两种包装。

FINE 'APSARAS' KWEICHOW MOUTAI MADE BETWEEN 1990 AND 1994

12 bottles
RMB: 90,000—120,000

4655　1990–1994 年飞天牌贵州茅台酒（铁盖珍品）

数量：12 瓶
度数：53%vol
容量：375ml
重量：约 760 克
生产日期：1990-1994 年
产地：贵州省仁怀市茅台镇
说明：茅台酒属酱香型大曲酒，风格完美。其酒质晶亮透明，微有黄色；酒液酱香突出，令人陶醉。敞杯香气扑鼻，
畅饮满口生香，空杯留香不散，具有口味幽雅细腻，酒体丰满醇厚，口味悠长醇馥，香气幽郁不绝的特点，
由酱香、窖底香、醇甜三大特殊风味融合而成，现已知香气组成成分多达 300 余种。珍品茅台是 1986 年
后出品的高档茅台，采用窖存多年的陈酒精心勾兑而成，为年份酒推出前的特殊优质酒，质量高于同时期
的普通茅台，有木盒和纸盒两种包装。

FINE 'APSARAS' KWEICHOW MOUTAI MADE BETWEEN 1990 AND 1994
12 bottles
RMB: 150,000—200,000

4656　　1990–1994 年飞天牌贵州茅台酒（铁盖珍品）

数量：12 瓶
度数：53%vol
容量：200ml
重量：约 429 克
生产日期：1990-1994 年
产地：贵州省仁怀市茅台镇
说明：茅台酒属酱香型大曲酒，风格完美。其酒质晶亮透明，微有黄色；酒液酱香突出，令人陶醉。敞杯香气扑鼻，
　　　畅饮满口生香，空杯留香不散，具有口味幽雅细腻，酒体丰满醇厚，口味悠长醇馥，香气幽郁不绝的特点，
　　　由酱香、窖底香、醇甜三大特殊风味融合而成，现已知香气组成成分多达 300 余种。珍品茅台是 1986 年
　　　后出品的高档茅台，采用窖存多年的陈酒精心勾兑而成，为年份酒推出前的特殊优质酒，质量高于同时期
　　　的普通茅台，有木盒和纸盒两种包装。

FINE 'APSARAS' KWEICHOW MOUTAI MADE BETWEEN 1990 AND 1994
12 bottles
RMB: 60,000—80,000

4657　1989–1990 年飞天牌贵州茅台酒（珍品）

数量：12 瓶

度数：53%vol

容量：500ml

重量：948 克；1020 克；980 克；980 克；930 克；988 克；930 克；
　　　893 克；914 克；877 克；919 克；939 克

生产日期：1989-1990 年

产地：贵州省仁怀市茅台镇

说明：茅台酒属酱香型大曲酒，风格完美。其酒质晶亮透明，微
　　　有黄色；酒液酱香突出，令人陶醉。敞杯香气扑鼻，畅饮
　　　满口生香，空杯留香不散，具有口味幽雅细腻，酒体丰满
　　　醇厚，口味悠长醇馥，香气幽郁不绝的特点，由酱香、窖
　　　底香、醇甜三大特殊风味融合而成，现已知香气组成成分
　　　多达 300 余种。珍品茅台是 1986 年后出品的高档茅台，
　　　采用窖存多年的陈酒精心勾兑而成，为年份酒推出前的特
　　　殊优质酒，质量高于同时期的普通茅台，有木盒和纸盒两
　　　种包装。

**FINE 'APSARAS' KWEICHOW MOUTAI MADE
BETWEEN 1989 AND 1990**

12 bottles

RMB: 240,000—300,000

4658　1989–1990 年飞天牌贵州茅台酒（珍品曲印）

数量：6 瓶

度数：53%vol

容量：500ml

重量：991 克；1009 克；983 克；972 克；988 克；1020 克

生产日期：1989-1990 年

产地：贵州省仁怀市茅台镇

说明：茅台酒属酱香型大曲酒，风格完美。其酒质晶亮透明，微有黄色；酒液酱香突出，令人陶醉。敞杯香气扑鼻，
　　　畅饮满口生香，空杯留香不散，具有口味幽雅细腻，酒体丰满醇厚，口味悠长醇馥，香气幽郁不绝的特点，
　　　由酱香、窖底香、醇甜三大特殊风味融合而成，现已知香气组成成分多达 300 余种。珍品茅台是 1986 年
　　　后出品的高档茅台，采用窖存多年的陈酒精心勾兑而成，为年份酒推出前的特殊优质酒，质量高于同时期
　　　的普通茅台，有木盒和纸盒两种包装。

FINE 'APSARAS' KWEICHOW MOUTAI MADE BETWEEN 1989 AND 1990

6 bottles

RMB: 130,000—150,000

4659   1988 年飞天牌贵州茅台酒（珍品方印）

数量：6 瓶

度数：53%vol

容量：500ml

重量：985 克；1007 克；950 克；930 克；957 克；981 克

生产日期：1988 年

产地：贵州省仁怀市茅台镇

说明：茅台酒属酱香型大曲酒，风格完美。其酒质晶亮透明，微有黄色；酒液酱香突出，令人陶醉。敞杯香气扑鼻，畅饮满口生香，空杯留香不散，具有口味幽雅细腻，酒体丰满醇厚，口味悠长醇馥，香气幽郁不绝的特点，由酱香、窖底香、醇甜三大特殊风味融合而成，现已知香气组成成分多达 300 余种。珍品茅台是 1986 年后出品的高档茅台，采用窖存多年的陈酒精心勾兑而成，为年份酒推出前的特殊优质酒，质量高于同时期的普通茅台，有木盒和纸盒两种包装。

FINE 'APSARAS' KWEICHOW MOUTAI MADE IN 1988

6 bottles

RMB: 140,000—160,000

4660　1987 年飞天牌贵州茅台酒（珍品 1704）

数量：6 瓶
度数：53%vol
容量：500ml
重量：994 克；920 克；959 克；926 克；992 克；984 克
生产日期：1987 年
产地：贵州省仁怀市茅台镇
说明：茅台酒属酱香型大曲酒，风格完美。其酒质晶亮透明，微
　　　有黄色；酒液酱香突出，令人陶醉。敞杯香气扑鼻，畅饮
　　　满口生香，空杯留香不散，具有口味幽雅细腻，酒体丰满
　　　醇厚，口味悠长醇馥，香气幽郁不绝的特点，由酱香、窖
　　　底香、醇甜三大特殊风味融合而成，现已知香气组成成分
　　　多达 300 余种。珍品茅台是 1986 年后出品的高档茅台，
　　　采用窖存多年的陈酒精心勾兑而成，为年份酒推出前的特
　　　殊优质酒，质量高于同时期的普通茅台，有木盒和纸盒两
　　　种包装。

FINE 'APSARAS' KWEICHOW MOUTAI MADE IN 1987

6 bottles
RMB: 160,000—200,000

4661　80 年代后期飞天牌贵州茅台酒（珍品方印）

数量：6 瓶

度数：53%vol

容量：500ml

重量：937 克；929 克；986 克；946 克；955 克；957 克

生产日期：80 年代后期

产地：贵州省仁怀市茅台镇

说明：茅台酒属酱香型大曲酒，风格完美。其酒质晶亮透明，微有黄色；酒液酱香突出，令人陶醉。敞杯香气扑鼻，
畅饮满口生香，空杯留香不散，具有口味幽雅细腻，酒体丰满醇厚，口味悠长醇馥，香气幽郁不绝的特点，
由酱香、窖底香、醇甜三大特殊风味融合而成，现已知香气组成成分多达 300 余种。珍品茅台是 1986 年
后出品的高档茅台，采用窖存多年的陈酒精心勾兑而成，为年份酒推出前的特殊优质酒，质量高于同时期
的普通茅台，有木盒和纸盒两种包装。

FINE 'APSARAS' KWEICHOW MOUTAI MADE IN THE LATE 1980S

6 bottles

RMB: 140,000—160,000

4662 80年代后期飞天牌贵州茅台酒（珍品 1704）

数量：6 瓶
度数：53%vol
容量：500ml
重量：947 克；962 克；917 克；972 克；916 克；952 克
生产日期：80 年代后期
产地：贵州省仁怀市茅台镇
说明：茅台酒属酱香型大曲酒，风格完美。其酒质晶亮透明，微有黄色；酒液酱香突出，令人陶醉。敞杯香气扑鼻，
畅饮满口生香，空杯留香不散，具有口味幽雅细腻，酒体丰满醇厚，口味悠长醇馥，香气幽郁不绝的特点，
由酱香、窖底香、醇甜三大特殊风味融合而成，现已知香气组成成分多达 300 余种。珍品茅台是 1986 年
后出品的高档茅台，采用窖存多年的陈酒精心勾兑而成，为年份酒推出前的特殊优质酒，质量高于同时期
的普通茅台，有木盒和纸盒两种包装。

FINE 'APSARAS' KWEICHOW MOUTAI MADE IN THE LATE 1980S

6 bottles
RMB: 140,000—160,000

4663　1997–2000 年飞天牌贵州茅台酒（珍品）

数量：30 瓶

度数：53%vol

容量：500ml

重量：约 965 克

生产日期：1997-2000 年

产地：贵州省仁怀市茅台镇

说明：茅台酒属酱香型大曲酒，风格完美。其酒质晶亮透明，微有黄色；酒液酱香突出，令人陶醉。敞杯香气扑鼻，畅饮满口生香，空杯留香不散，具有口味幽雅细腻，酒体丰满醇厚，口味悠长醇馥，香气幽郁不绝的特点，由酱香、窖底香、醇甜三大特殊风味融合而成，现已知香气组成成分多达 300 余种。珍品茅台是 1986 年后出品的高档茅台，采用窖存多年的陈酒精心勾兑而成，为年份酒推出前的特殊优质酒，质量高于同时期的普通茅台，有木盒和纸盒两种包装。

FINE 'APSARAS' KWEICHOW MOUTAI MADE
BETWEEN 1997 AND 2000

30 bottles

RMB: 240,000—300,000

4664　1991-1993 年飞天牌贵州茅台酒（珍品）

数量：30 瓶

度数：53%vol

容量：500ml

重量：965 克；976 克；951 克；995 克；965 克；963 克；885 克；
946 克；929 克；941 克；886 克；850 克；960 克；975 克；
856 克；874 克；974 克；926 克；936 克；946 克；963 克；
928 克；959 克；950 克；956 克；941 克；950 克；900 克；
945 克；950 克

生产日期：1991-1993 年

产地：贵州省仁怀市茅台镇

说明：茅台酒属酱香型大曲酒，风格完美。其酒质晶亮透明，微
有黄色；酒液酱香突出，令人陶醉。敞杯香气扑鼻，畅饮
满口生香，空杯留香不散，具有口味幽雅细腻，酒体丰满
醇厚，口味悠长醇馥，香气幽郁不绝的特点，由酱香、窖
底香、醇甜三大特殊风味融合而成，现已知香气组成成分
多达 300 余种。珍品茅台是 1986 年后出品的高档茅台，
采用窖存多年的陈酒精心勾兑而成，为年份酒推出前的特
殊优质酒，质量高于同时期的普通茅台，有木盒和纸盒两
种包装。

**FINE 'APSARAS' KWEICHOW MOUTAI MADE
BETWEEN 1991 AND 1993**

30 bottles

RMB: 450,000—500,000

4665 1991–1993 年飞天牌贵州茅台酒（珍品）

数量：30 瓶
度数：53%vol
容量：500ml
重量：约 963 克
生产日期：1991-1993 年
产地：贵州省仁怀市茅台镇
说明：茅台酒属酱香型大曲酒，风格完美。其酒质晶亮透明，微有黄色；酒液酱香突出，令人陶醉。敞杯香气扑鼻，畅饮满口生香，空杯留香不散，具有口味幽雅细腻，酒体丰满醇厚，口味悠长醇馥，香气幽郁不绝的特点，由酱香、窖底香、醇甜三大特殊风味融合而成，现已知香气组成成分多达 300 余种。珍品茅台是 1986 年后出品的高档茅台，采用窖存多年的陈酒精心勾兑而成，为年份酒推出前的特殊优质酒，质量高于同时期的普通茅台，有木盒和纸盒两种包装。

FINE 'APSARAS' KWEICHOW MOUTAI MADE BETWEEN 1991 AND 1993

30 bottles
RMB: 470,000—500,000

4666　2002–2003 年贵州茅台酒十五年陈酿

数量：6 瓶

度数：53%vol

容量：500ml

重量：966 克；940 克；944 克；939 克；964 克；959 克

生产日期：2002 年 10 月 25 日；20002 年 10 月 17 日；2003 年 3 月 3 日；2002 年 7 月 5 日；2003 年 2 月 12 日；
　　　　　2002 年 9 月 3 日

产地：贵州省仁怀市茅台镇

说明：茅台酒属酱香型大曲酒，风格完美。其酒质晶亮透明，微有黄色；酒液酱香突出，令人陶醉。敞杯香气扑
　　　鼻，畅饮满口生香，空杯留香不散，具有口味幽雅细腻，酒体丰满醇厚，口味悠长醇馥，香气幽郁不绝的
　　　特点，由酱香、窖底香、醇甜三大特殊风味融合而成，现已知香气组成成分多达 300 余种。

15-YEAR-OLD KWEICHOW MOUTAI MADE BETWEEN 2002 AND 2003

6 bottles

RMB: 55,000—60,000

4667　2005 年贵州茅台酒三十年陈酿

数量：6 瓶

度数：53%vol

容量：500ml

重量：998 克；936 克；1005 克；1031 克；998 克；940 克

生产日期：2005 年 8 月 23 日；2005 年 8 月 23 日；2005 年 12 月 19 日；2005 年 11 月 5 日；2005 年 8 月 23 日；
　　　　2005 年 9 月 10 日

产地：贵州省仁怀市茅台镇

说明：茅台酒属酱香型大曲酒，风格完美。其酒质晶亮透明，微有黄色；酒液酱香突出，令人陶醉。敞杯香气扑
　　　鼻，畅饮满口生香，空杯留香不散，具有口味幽雅细腻，酒体丰满醇厚，口味悠长醇酸，香气幽郁不绝的
　　　特点，由酱香、窖底香、醇甜三大特殊风味融合而成，现已知香气组成成分多达 300 余种。

30-YEAR-OLD KWEICHOW MOUTAI MADE IN 2005

6 bottles

RMB: 88,000—100,000

4668　2002–2006 年贵州茅台酒三十年陈酿

数量：6 瓶

度数：53%vol

容量：500ml

重量：952 克；1008 克；1075 克；1040 克；1020 克；1010 克

生产日期：2002-2006 年

产地：贵州省仁怀市茅台镇

说明：茅台酒属酱香型大曲酒，风格完美。其酒质晶亮透明，微有黄色；酒液酱香突出，令人陶醉。散杯香气扑鼻，畅饮满口生香，空杯留香不散，具有口味幽雅细腻，酒体丰满醇厚，口味悠长醇馥，香气幽郁不绝的特点，由酱香、窖底香、醇甜三大特殊风味融合而成，现已知香气组成成分多达 300 余种。

30-YEAR-OLD KWEICHOW MOUTAI MADE BETWEEN 2002 AND 2006

6 bottles

RMB: 85,000—100,000

4669 1999–2001 年贵州茅台酒三十年陈酿

数量：6 瓶

度数：53%vol

容量：500ml

重量：1043 克；1084 克；1074 克；1041 克；1043 克；1070 克

生产日期：1999-2001 年

产地：贵州省仁怀市茅台镇

说明：茅台酒属酱香型大曲酒，风格完美。其酒质晶亮透明，微有黄色；酒液酱香突出，令人陶醉。敞杯香气扑
     鼻，畅饮满口生香，空杯留香不散，具有口味幽雅细腻，酒体丰满醇厚，口味悠长醇馥，香气幽郁不绝的
     特点，由酱香、窖底香、醇甜三大特殊风味融合而成，现已知香气组成成分多达 300 余种。

30-YEAR-OLD KWEICHOW MOUTAI MADE BETWEEN 1999 AND 2001

6 bottles

RMB: 98,000—120,000

4670 2006 年贵州茅台酒五十年陈酿

数量：2 瓶

度数：53％vol

容量：500ml

重量：1032 克；1057 克

生产日期：2006 年 10 月 26 日；2006 年 10 月 26 日

产地：贵州省仁怀市茅台镇

说明：茅台酒属酱香型大曲酒，风格完美。其酒质晶亮透明，微有黄色；酒液酱香突出，令人陶醉。敞杯香气扑鼻，畅饮满口生香，空杯留香不散，具有口味幽雅细腻，酒体丰满醇厚，口味悠长醇馥，香气幽郁不绝的特点，由酱香、窖底香、醇甜三大特殊风味融合而成，现已知香气组成成分多达 300 余种。

50-YEAR-OLD KWEICHOW MOUTAI MADE IN 2006

2 bottles

RMB: 42,000—60,000

4671　2003–2006 年贵州茅台酒五十年陈酿

数量：6 瓶

度数：53%vol

容量：500ml

重量：1067 克；1023 克；1042 克；977 克；977 克；1009 克

生产日期：2003-2006 年

产地：贵州省仁怀市茅台镇

说明：茅台酒属酱香型大曲酒，风格完美。其酒质晶亮透明，微有黄色；酒液酱香突出，令人陶醉。散杯香气扑鼻，畅饮满口生香，空杯留香不散，具有口味幽雅细腻，酒体丰满醇厚，口味悠长醇馥，香气幽郁不绝的特点，由酱香、窖底香、醇甜三大特殊风味融合而成，现已知香气组成成分多达 300 余种。

50-YEAR-OLD KWEICHOW MOUTAI MADE BETWEEN 2003 AND 2006

6 bottles

RMB: 130,000—150,000

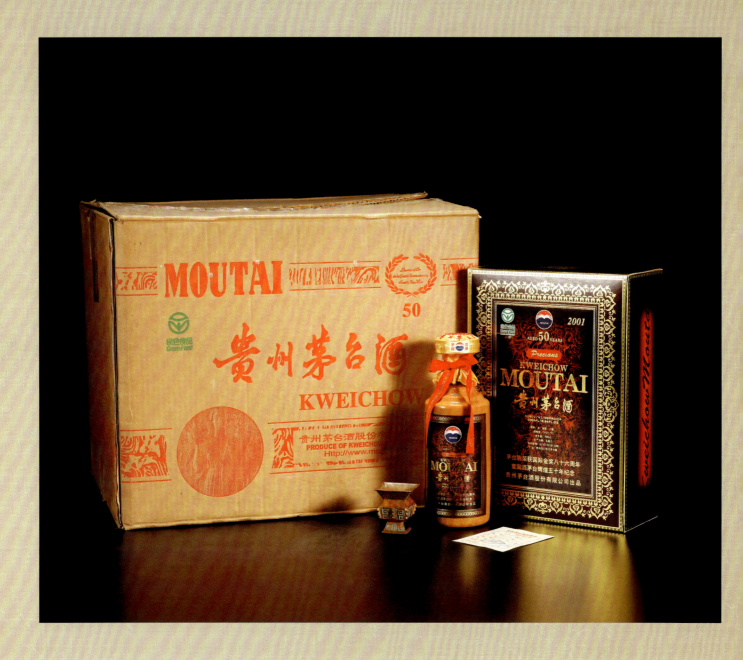

4672   2001 年贵州茅台酒五十年陈酿（原箱）

数量：6 瓶

度数：53%vol

容量：500ml

重量：约 1022 克

生产日期：2001 年 11 月 24 日

产地：贵州省仁怀市茅台镇

说明：茅台酒属酱香型大曲酒，风格完美。其酒质晶亮透明，微有黄色；酒液酱香突出，令人陶醉。敞杯香气扑
      鼻，畅饮满口生香，空杯留香不散，具有口味幽雅细腻，酒体丰满醇厚，口味悠长醇馥，香气幽郁不绝的
      特点，由酱香、窖底香、醇甜三大特殊风味融合而成，现已知香气组成成分多达 300 余种。

50-YEAR-OLD KWEICHOW MOUTAI MADE IN 2001 (ORIGINAL CARTON)

6 bottles

RMB: 140,000—200,000

4673　　1999 年磨砂瓶建国五十年周年小庆典

数量：1 瓶　　　　　　　度数：53%vol

容量：500ml　　　　　　重量：1104 克

生产日期：1999 年 9 月 26 日　　产地：贵州省仁怀市茅台镇

说明：茅台酒属酱香型大曲酒，风格完美。其酒质晶亮透明，微有黄色；酒液酱香突出，令人陶醉。散杯香气扑鼻，畅
　　　饮满口生香，空杯留香不散，具有口味幽雅细腻，酒体丰满醇厚，口味悠长醇馥，香气幽郁不绝的特点，由酱香、
　　　窖底香、醇甜三大特殊风味融合而成，现已知香气组成成分多达 300 余种。

KWEICHOW MOUTAI FOR CELEBRATING THE 50TH ANNIVERSARY OF THE FOUNDING OF
THE P.R.C MADE IN 1999

1 bottle

RMB: 18,000—25,000

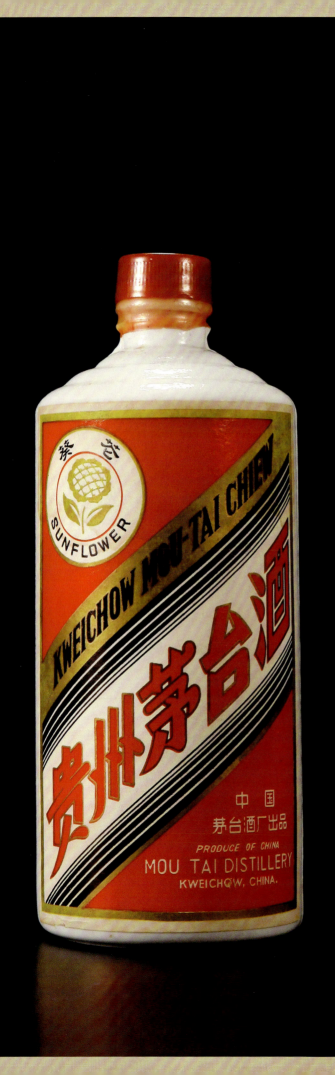

4674　1978 年葵花牌贵州茅台酒（三大葵花）

数量：1 瓶

度数：约 54%vol

容量：540ml

重量：1021 克

生产日期：1978 年 2 月 17 日

产地：贵州省仁怀市茅台镇

说明：1975 年，外销商标停用"葵花牌"恢复"飞天牌"，但是已经印刷完成的 25.8 万张"葵花牌"商标因此闲置。本着勤俭节约的精神，1978 年，经有关部门同意，茅台酒厂将原先已印成的 25.8 万张"葵花牌"商标用于当年的内销包装。此酒正标内容由"葵花牌"商标及中英文图案组成，无飘带，而酒瓶背面依然是"三大革命"背标，这款酒被藏界惯称为"三大革命葵花"或"三大葵花"。

'SUNFLOWER' KWEICHOW MOUTAI MADE IN 1978

1 bottle

RMB: 35,000—50,000

4675　1978 年葵花牌贵州茅台酒（三大葵花）

数量：1 瓶
度数：约 54%vol
容量：540ml
重量：998 克
生产日期：1978 年 2 月 17 日
产地：贵州省仁怀市茅台镇
说明：1975 年，外销商标停用 "葵花牌" 恢复 "飞天牌"，
　　　但是已经印刷完成的 25.8 万张 "葵花牌" 商标因此闲
　　　置。本着勤俭节约的精神，1978 年，经有关部门同意，
　　　茅台酒厂将原先已印成的 25.8 万张 "葵花牌" 商标用
　　　于当年的内销包装。此酒正标内容由 "葵花牌" 商标
　　　及中英文图案组成，无飘带，而酒瓶背面依然是 "三
　　　大革命" 背标，这款酒被藏界惯称为 "三大革命葵花"
　　　或 "三大葵花"。

**'SUNFLOWER' KWEICHOW MOUTAI MADE IN
1978**

1 bottle
RMB: 32,000—50,000

4676 1978–1979 年五星牌贵州茅台酒（三大革命）

数量：2 瓶
度数：约 54%vol
容量：540ml
重量：997 克；1030 克
生产日期：1978 年 11 月 21 日；1979 年
产地：贵州省仁怀市茅台镇
说明：茅台酒属酱香型大曲酒，风格完美。其酒质晶亮透明，微有黄色；酒液酱香突出，令人陶醉。敞杯香气扑
　　　鼻，畅饮满口生香，空杯留香不散，具有口味幽雅细腻，酒体丰满醇厚，口味悠长醇馥，香气幽郁不绝的
　　　特点，由酱香、窖底香、醇甜三大特殊风味融合而成，现已知香气组成成分多达 300 余种。

'FIVE-STAR' KWEICHOW MOUTAI MADE BETWEEN 1978 AND 1979

2 bottles
RMB: 62,000—80,000

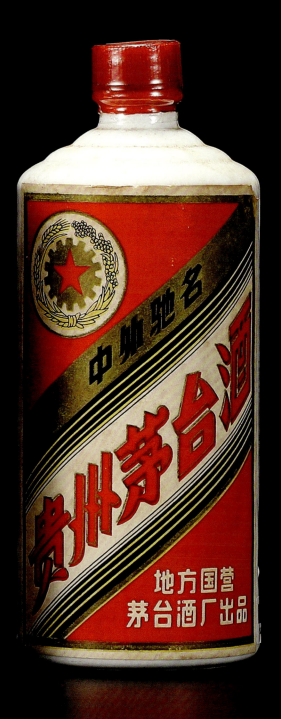

4677　1983 年五星牌贵州茅台酒（黄酱）

数量：1 瓶

度数：约 54%vol

容量：540ml

重量：1015 克

生产日期：1983 年 8 月 12 日

产地：贵州省仁怀市茅台镇

说明：茅台酒属酱香型大曲酒，风格完美。其酒质晶亮透明，微有黄色；酒液酱香突出，令人陶醉。敞杯香气扑
　　　鼻，畅饮满口生香，空杯留香不散，具有口味幽雅细腻，酒体丰满醇厚，口味悠长醇馥，香气幽郁不绝的
　　　特点，由酱香、窖底香、醇甜三大特殊风味融合而成，现已知香气组成成分多达 300 余种。五星牌酱釉瓶
　　　茅台酒为 1983 年之后人民大会堂和钓鱼台国宾馆的特供酒，属于高级别的非卖品，存世较少。

'FIVE-STAR' KWEICHOW MOUTAI MADE IN 1983 (BROWN BOTTLE)

1 bottle

RMB: 85,000—100,000

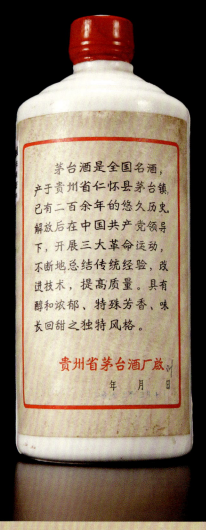

正标

背标

4678 1972 年五星牌贵州茅台酒（三大革命）
数量：1 瓶
度数：约 54%vol
容量：540ml
重量：1084 克
生产日期：1972 年 3 月 7 日
产地：贵州省仁怀市茅台镇
说明：茅台酒属酱香型大曲酒，风格完美。其酒质晶亮透明，微有黄色；酒液酱香突出，令人陶醉。敞杯香气扑鼻，畅饮满口生香，空杯留香不散，具有口味幽雅细腻，酒体丰满醇厚，口味悠长醇馥，香气幽郁不绝的特点，由酱香、窖底香、醇甜三大特殊风味融合而成，现已知香气组成成分多达 300 余种。

'FIVE-STAR' KWEICHOW MOUTAI MADE IN 1972
1 bottle
RMB: 120,000—150,000

4679　60 年代末期飞天牌贵州茅台酒

数量：1 瓶
度数：约 54%vol
容量：540ml
重量：823 克
生产日期：60 年代末期
产地：贵州省仁怀市茅台镇
说明："飞天"商标，源自敦煌壁画，仙女献酒图案。正标繁体"倨"，
　　　飘带为对称式较 70 年代后的飞天飘带稍长，该标志启用于
　　　1959 年，于 1968 年停用。此酒为早期白色玻璃瓶茅台，因出
　　　厂不久，便被停止出口，绝大部分被中国粮油食品进出口公司
　　　（以下简称中粮公司）封存，所以真正出口的这批飞天传世较少，
　　　存量为 50 年代茅台酒的几十分之一，为一代绝品。

'ASPARAS' KWEICHOW MOUTAI MADE IN THE LATE 1960S

1 bottle
RMB: 180,000—250,000

图为茅台集团总工程师王莉（右一）、首席勾兑师王刚（右二）亲临1958、1959、1960年陈年茅台酒开瓶现场

图为1958、1959、1960年陈年茅台酒（从左到右）开瓶酒体展示

图为茅台集团首席勾兑师王刚（右二）勾兑现场

图为装瓶现场及成品展示

4680 1958、1988 年勾兑装瓶茅台酒
1959、1989 年勾兑装瓶茅台酒 （一套三瓶）
1960、1990 年勾兑装瓶茅台酒

数量：3 瓶
度数：53%vol
容量：500ml
重量：约 980 克
生产日期：1958 年、1988 年；1959 年、1989 年；1960 年、1990 年
产地：贵州省仁怀市茅台镇
说明：此纪念酒系 2017 年第一届全球"茅台节"期间，由贵州茅台酒股份有限公司首席勾兑师王
刚采用中国酒业协会名酒珍藏委员会提供的 1958、1959、1960 年同 1988、1989、1990 年出
厂的茅台精心勾兑而成，三瓶为一套，勾兑数量仅 15 套。一套在第一节全球"茅粉节"期
间以高价拍出，一套由中国酒业协会珍藏，一套由贵州茅台酒厂珍藏，目前市面存量共计 12
套，意义特殊，极富珍藏价值。附有中国酒业协会理事长王延才，中国茅台股份公司副总经
理王崇林等专家亲笔签名的收藏证。

KWEICHOW MOUTAI MADE FROM 1958 TO 1990

RMB: 800,000-1,000,000

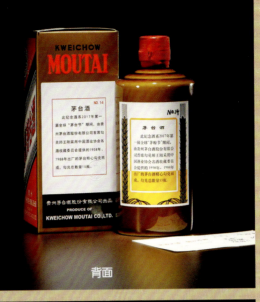

1958、1988 年勾兑装瓶茅台酒正面及签名收藏证　　　　背面

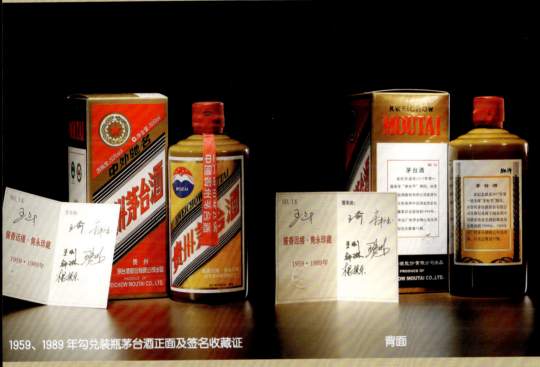

1959、1989 年勾兑装瓶茅台酒正面及签名收藏证　　　　背面

1960、1990 年勾兑装瓶茅台酒正面及签名收藏证　　　　背面

　　1958、1959、1960 年，这三年我们国家经历了最严重的自然灾害，具相关资料记载，当年酿一瓶茅台酒需要 7-10 斤的高粱、小麦，所以这三瓶酒不是用钱能衡量的，重要的是代表着生命的意义。

　　茅台人创造了茅台酒，经历了五十多年的沧桑岁月，重新回到了它们的出生地——茅台镇，接受到茅台集团领导袁仁国董事长、李保芳书记和王崇林副总经理的亲自检阅。这三瓶酒又幸运的经过总工程师王莉女士、首席调酒师王刚先生精心调配与 88，89，90 的老酒调制后而重获新生！

酱香远播·隽永珍藏收藏证书签名专家简介

王延才：中国酒业协会理事长
宋书玉：中国酒业协会副秘书长
王崇林：茅台股份公司副总经理、销售公司董事长、党委书记
王　莉：茅台集团总工程师、董事、高级工程师。连续三届国家级白酒评酒委员，中国首席白酒评酒师
王　刚：茅台集团首席勾兑师
钟　琳：茅台集团勾贮车间主任

4681　1993–1995 年长城五粮液

数量：12 瓶
度数：53%vol
容量：500ml
重量：约 950 克
生产日期：1993–1995 年
产地：四川省宜宾市
说明：五粮液属浓香型白酒，酒味全面。它以高粱、大米、糯米、小麦和玉米五种粮食为原料，以包包曲为糖化
　　　发酵剂，经陈年老窖发酵，长年陈酿、精心勾兑而成，以香气悠久、口味醇厚、入口甘美、入喉净爽、各
　　　味谐调、恰到好处、酒味全面的风格闻名于世。

'GREAT WALL' WULIANGYE LIQUOR MADE BETWEEN 1993 AND 1995
12 bottles
RMB: 58,000—65,000

4682   1993 年长城五粮液

数量：12 瓶
度数：53%vol
容量：500ml
重量：约 950 克
生产日期：1993 年
产地：四川省宜宾市
说明：五粮液属浓香型白酒，酒味全面。它以高粱、大米、糯米、小麦和玉米五种粮食为原料，以包包曲为糖化
　　　发酵剂，经陈年老窖发酵，长年陈酿、精心勾兑而成，以香气悠久、口味醇厚、入口甘美、入喉净爽、各
　　　味谐调、恰到好处、酒味全面的风格闻名于世。

'GREAT WALL' WULIANGYE LIQUOR MADE IN 1993

12 bottles
RMB: 120,000—150,000

4683   1987–1990 年圆鼓瓶五粮液

数量：12 瓶

度数：53%vol

容量：500ml

重量：约 820 克

生产日期：1987–1990 年

产地：四川省宜宾市

说明：五粮液属浓香型白酒，酒味全面。它以高粱、大米、糯米、小麦和玉米五种粮食为原料，以包包曲为糖化发酵剂，经陈年老窖发酵，长年陈酿、精心勾兑而成，以香气悠久、口味醇厚、入口甘美、入喉净爽、各味谐调、恰到好处、酒味全面的风格闻名于世。

WULIANGYE LIQUOR MADE BETWEEN 1987 AND 1990

12 bottles

RMB: 100,000—120,000

4684 1983–1986 年交杯牌五粮液

数量：12 瓶

度数：53%vol

容量：500ml

重量：约 870 克

生产日期：1983–1986 年

产地：四川省宜宾市

说明：五粮液属浓香型白酒，酒味全面。它以高粱、大米、糯米、小麦和玉米五种粮食为原料，以包包曲为糖化发酵剂，经陈年老窖发酵，长年陈酿、精心勾兑而成，以香气悠久、口味醇厚、入口甘美、入喉净爽、各味谐调、恰到好处、酒味全面的风格闻名于世。

'JIAOBEI' WULIANGYE LIQUOR MADE BETWEEN 1983 AND 1986

12 bottles

RMB: 110,000—150,000

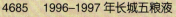

4685　1996–1997 年长城五粮液

数量：30 瓶
度数：53%vol
容量：500ml
重量：约 965 克
生产日期：1996–1997 年
产地：四川省宜宾市
说明：五粮液属浓香型白酒，酒味全面。它以高粱、大米、糯米、小麦和
玉米五种粮食为原料，以包包曲为糖化发酵剂，经陈年老窖发酵，
长年陈酿、精心勾兑而成，以香气悠久、口味醇厚、入口甘美、入
喉净爽、各味谐调、恰到好处、酒味全面的风格闻名于世。

'GREAT WALL' WULIANGYE LIQUOR MADE BETWEEN
1996 AND 1997

30 bottles
RMB: 78,000—85,000

4686　1995–1996 年长城五粮液

数量：30 瓶
度数：53%vol
容量：500ml
重量：约 950 克
生产日期：1995–1996 年
产地：四川省宜宾市
说明：五粮液属浓香型白酒，酒味全面。它以高粱、大米、糯米、小麦和
玉米五种粮食为原料，以包包曲为糖化发酵剂，经陈年老窖发酵，
长年陈酿、精心勾兑而成，以香气悠久、口味醇厚、入口甘美、入
喉净爽、各味谐调、恰到好处、酒味全面的风格闻名于世。

'GREAT WALL' WULIANGYE LIQUOR MADE BETWEEN
1995 AND 1996

30 bottles
RMB: 78,000—85,000

4687　　1993–1995 年长城五粮液

数量：30 瓶

度数：53%vol

容量：500ml

重量：约 950 克

生产日期：1993–1995 年

产地：四川省宜宾市

说明：五粮液属浓香型白酒，酒味全面。它以高粱、大米、糯米、小麦和玉米五种粮食为原料，以包包曲为糖化
　　　发酵剂，经陈年老窖发酵，长年陈酿，精心勾兑而成，以香气悠久、口味醇厚、入口甘美、入喉净爽、各
　　　味谐调、恰到好处、酒味全面的风格闻名于世。

'GREAT WALL' WULIANGYE LIQUOR MADE BETWEEN 1993 AND 1995

30 bottles

RMB: 140,000—160,000

4688　1993 年长城五粮液

数量：30 瓶

度数：53%vol

容量：500ml

重量：约 955 克

生产日期：1993 年

产地：四川省宜宾市

说明：五粮液属浓香型白酒，酒味全面。它以高粱、大米、糯米、小麦和玉米五种粮食为原料，以包包曲为糖化发酵剂，经陈年老窖发酵，长年陈酿、精心勾兑而成，以香气悠久、口味醇厚、入口甘美、入喉净爽、各味谐调、恰到好处、酒味全面的风格闻名于世。

'GREAT WALL' WULIANGYE LIQUOR MADE IN 1993

30 bottles

RMB: 150,000—180,000

4689　　1991–1992 年圆鼓瓶五粮液

数量：30 瓶

度数：53%vol

容量：500ml

重量：约 820 克

生产日期：1991–1992 年

产地：四川省宜宾市

说明：五粮液属浓香型白酒，酒味全面。它以高粱、大米、糯米、小麦和玉米五种粮食为原料，以包包曲为糖化发酵剂，经陈年老窖发酵、长年陈酿、精心勾兑而成，以香气悠久、口味醇厚、入口甘美、入喉净爽、各味谐调、恰到好处、酒味全面的风格闻名于世。

WULIANGYE LIQUOR MADE BETWEEN 1991 AND 1992

30 bottles

RMB: 190,000—250,000

4690　1987–1990 年圆鼓瓶五粮液

数量：30 瓶
度数：53%vol
容量：500ml
重量：约 820 克
生产日期：1987–1990 年
产地：四川省宜宾市
说明：五粮液属浓香型白酒，酒味全面。它以高粱、大米、糯米、小麦和玉米五种粮食为原料，以包包曲为糖化
　　　发酵剂，经陈年老窖发酵，长年陈酿、精心勾兑而成，以香气悠久、口味醇厚、入口甘美、入喉净爽、各
　　　味谐调、恰到好处、酒味全面的风格闻名于世。

WULIANGYE LIQUOR MADE BETWEEN 1987 AND 1990

30 bottles

RMB: 250,000—300,000

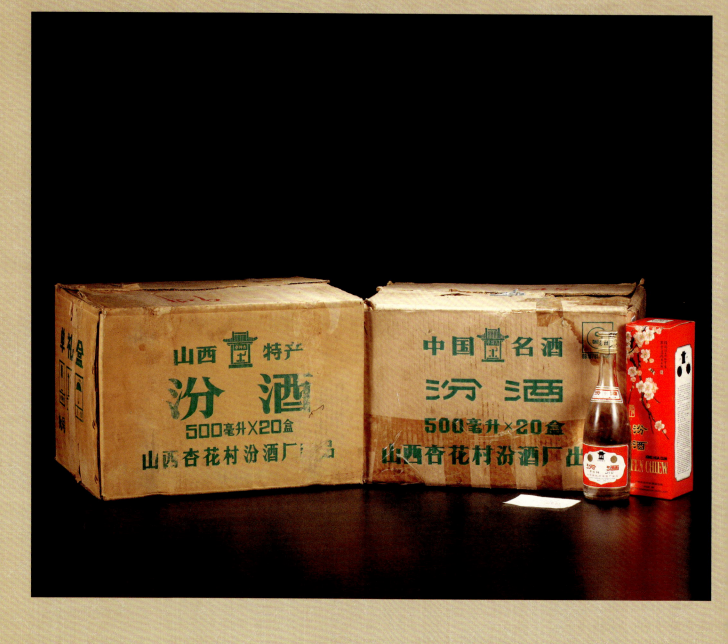

4691　1992–1994 年汾酒（两原箱）

数量：40 瓶

度数：53%vol

容量：500ml

重量：约 950 克

生产日期：1992 年 10 月 15 日；1994 年

产地：山西省汾阳市杏花村

说明：汾酒属清香型白酒，酒味绵甜。原料高粱籽实饱满，无杂质，以大麦、豌豆为曲酿制而成，酒液清亮，具有独特的品质风味。以入口绵、落口甜、饮后余香、回味悠长而著称，有色、香、味三绝的美誉，是清香型白酒的典型代表。

FENJIU MADE BETWEEN 1992 AND 1994 (TWO ORIGINAL CARTONS)

40 bottles

RMB: 40,000—50,000

4692 1988 年汾酒（两原箱）

数量：48 瓶

度数：53%vol

容量：500ml

重量：约 950 克

生产日期：1988 年 2 月 25 日；1988 年

产地：山西省汾阳市杏花村

说明：汾酒属清香型白酒，酒味绵甜。原料高粱籽实饱满，无杂质，以大麦、豌豆为曲酿制而成，酒液清亮，具有独特的品质风味。以入口绵、落口甜、饮后余香、回味悠长而著称，有色、香、味三绝的美誉，是清香型白酒的典型代表。

FENJIU MADE IN 1988 (TWO ORIGINAL CARTONS)

48 bottles

RMB: 80,000—100,000

4693　1987 年汾酒（两原箱）

数量：48 瓶

度数：53%vol

容量：500ml

重量：约 950 克

生产日期：1987 年 3 月 14 日；1987 年 9 月 17 日

产地：山西省汾阳市杏花村

说明：汾酒属清香型白酒，酒味绵甜。原料高粱籽实饱满，无杂质，以大麦、豌豆为曲酿制而成，酒液清亮，具有独特的品质风味。以入口绵、落口甜、饮后余香、回味悠长而著称，有色、香、味三绝的美誉，是清香型白酒的典型代表。

FENJIU MADE IN 1987 (TWO ORIGINAL CARTONS)

48 bottles

RMB: 90,000—110,000

4694 1992–1993 年董酒（两原箱）

数量：24 瓶

度数：53%vol

容量：500ml

重量：约 900 克

生产日期：1992 年；1993 年 9 月 6 日

产地：贵州省遵义市

说明：董酒属药香型白酒，工艺独特。董酒使用 130 余味云贵高原的名贵药材，采用双醅串蒸的工艺酿制而成，
既有大曲酒的浓郁芳香，又有小曲酒的柔绵醇和，还有淡雅舒适的药香，具有祛寒活络、消除疲劳、宽胸
顺气等功能，贵州老八大名酒之一。

DONGJIU MADE BETWEEN 1992 AND 1993 (TWO ORIGINAL CARTONS)

24 bottles

RMB: 45,000—55,000

4695　1993 年习水大曲（两原箱）

数量：24 瓶

度数：52%vol

容量：500ml

重量：约 850 克

生产日期：1993 年 8 月 5 日；1993 年 10 月 8 日

产地：贵州省遵义市习水县

说明：习水大曲属浓香型白酒，酒香馥郁。习水大曲汲取富含矿物质的赤水河水，精选优质红粮，以小麦制成的
高、中温曲为糖化发酵剂，温蒸混烧，精心酿制而成。酒味浓香馥郁，香味协调，回味绵甜柔润。

XISHUI DAQU LIQUOR MADE IN 1993 (TWO ORIGINAL CARTONS)

24 bottles

RMB: 18,000—25,000

4696　1996–1997 年郎酒（两原箱）

数量：24 瓶

度数：53%vol

容量：500ml

重量：约1030 克

生产日期：1996 年 11 月 25 日；1997 年 10 月 19 日

产地：四川省泸州市古蔺县

说明：郎酒属酱香型白酒，酱香突出。郎酒用优质郎泉酿制而成，因而得名。具有酒质色泽微黄清澈、酱香浓郁喷涌、酒体丰满醇和，入口净爽回甜，空杯留香味长的特点。兼有"饮时不辣喉、饮后不口干、不头痛"的独特风格。

LANGJIU MADE BETWEEN 1996 AND 1997 (TWO ORIGINAL CARTONS)

24 bottles

RMB: 30,000—40,000

4697　1995 年习酒（原箱）

数量：12 瓶
度数：53%vol
容量：500ml
生产日期：1995 年 9 月 11 日
产地：贵州省遵义市习水县
说明：习水大曲属浓香型白酒，酒香馥郁。习水大曲汲取富含矿物质的赤水河水，精选优质红粮，以小麦制成的
　　　高、中温曲为糖化发酵剂，温蒸混烧，精心酿制而成。酒味浓香馥郁，香味协调，回味绵甜柔润。

XIJIU MADE IN 1995 (ORIGINAL CARTON)
12 bottles
RMB: 20,000—30,000

产 品 合 格 证		
产品名称	习　　酒	
规　格	500mL×12瓶装	
酒　度	(53±1)%（V／V）	
产　地	贵州省习水县习酒镇	
检验员	7	
出厂日期	1995年9月11日	

4698 1992 年黔春酒

数量：24 瓶

度数：50%vol

容量：500ml

重量：约 860 克

生产日期：1992 年

产地：贵阳省贵阳市

说明：黔春酒属酱香型白酒，低温发酵。黔春酒是以优质高粱、小麦和甘美纯净之山泉为原料，采用纯菌种制曲，经石窖低温发酵酿制而成，工艺独特，秉持大曲酱香的生产工艺，产品具有酒色微黄、晶莹透明、酱香明显、醇和味长、尾净余长的特点。

QIANCHUN LIQUOR MADE IN 1992

24 bottles

RMB: 30,000—40,000

4699　1989 年尖庄（原箱）

数量：20 瓶

度数：53%vol

容量：500ml

重量：约 860 克

生产日期：1989 年 4 月 27 日

产地：四川省宜宾市

说明：尖庄曲酒属浓香型白酒，陈香优雅。尖庄曲酒与五粮液同源，酿制方法共出于利川永的"陈氏秘方"，酒质优秀。观其酒色，晶莹剔透；闻其酒香，窖香浓郁，陈香优雅；品其酒味，醇厚协调，绵甜净爽，回味悠长，余香不断，实为饮用之佳品。

JIANZHUANG LIQUOR MADE IN 1989 (ORIGINAL CARTON)

20 bottles

RMB: 26,000—35,000

4700 1998 年剑南春（原箱）

数量：12 瓶

度数：52%vol

容量：500ml

重量：约 900 克

生产日期：1998 年 12 月 22 日

产地：四川省绵竹市

说明：剑南春属浓香型大曲酒，字号悠久。剑南春是中国的老八大名酒之一，也是第一批被认定为"中华老字号"
的品牌。其酒味香浓清灵，酒香陈香幽雅，饮之如珠玑在喉；甘润飘逸，闻之似相思刻骨，青出于蓝，酒
体陈年历久弥新。

JIANNANCHUN LIQUOR MADE IN 1998 (ORIGINAL CARTON)

12 bottles

RMB: 15,000—25,000

4701　1992 年古井贡酒（原箱）

数量：12 瓶

度数：55%vol

容量：500ml

重量：约 800 克

生产日期：1992 年

产地：安徽省亳州市

说明：古井贡酒属浓香型大曲酒，品质优秀。其酒液清澈如水晶，粘稠挂杯，酒味醇和，余香悠长，具有"色清如水晶，香纯如幽兰，入口甘美醇和，回味经久不息"的特点，四次蝉联全国白酒评比金奖。

GUJING GONGJIU MADE IN 1992 (ORIGINAL CARTON)

12 bottles

RMB: 18,000—25,000

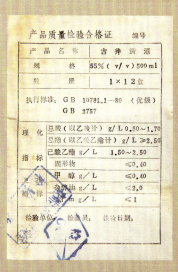

4702　1987–1988 年泸州老窖特曲

数量：12 瓶
度数：53%vol
容量：270ml
重量：约 510 克
生产日期：1987–1988 年
产地：四川省泸州市
说明：泸州老窖属浓香型白酒，风格独特。它以优质糯红高粱为原料，以纯小麦制曲，采用"回酒发酵，熟糠合料"等工艺酿制而成，酒液无色透明，酒体丰满圆润，陈香突出，香味协调。具有浓香、醇和、味甜、回味长的四大特色。

LUZHOU LAOJIAO MADE BETWEEN 1987 AND 1988

12 bottles
RMB: 25,000—35,000

4703   1987-1990 年泸州老窖头曲

数量：12 瓶
度数：60%vol
容量：500ml；550ml
重量：约 900 克
生产日期：1987-1990 年
产地：四川省泸州市
说明：泸州老窖属浓香型白酒，风格独特。它以优质糯红高粱为原料，以纯小麦制曲，采用"回酒发酵，熟糠合料"等工艺酿制而成，酒液无色透明，酒体丰满圆润，陈香突出，香味协调。具有浓香、醇和、味甜、回味长的四大特色。

LUZHOU LAOJIAO MADE BETWEEN 1987 AND 1990

12 bottles
RMB: 26,000—35,000

4704　1989–1990 年董酒

数量：12 瓶

度数：53%vol

容量：500ml

重量：约 900 克

生产日期：1989–1990 年

产地：贵州省遵义市

说明：董酒属药香型白酒，工艺独特。董酒使用 130 余味云贵高原的名贵药材，采用双醅串蒸的工艺酿制而成，既有大曲酒的浓郁芳香，又有小曲酒的柔绵醇和，还有淡雅舒适的药香，具有祛寒活络、消除疲劳、宽胸顺气等功能，贵州老八大名酒之一。

DONGJIU MADE BETWEEN 1989 AND 1990

12 bottles

RMB: 48,000—60,000